Sommaire

Bernard Duchesne, en tant qu'illustrateur, collabore avec Alibis depuis le début. Également designer et sculpteur, il réalise des murales et des éléments d'exposition pour les musées et centres d'interprétation. Il se distingue surtout en illustration historique et images de polar – il a notamment réalisé plusieurs couvertures pour les éditions Alire. Bernard Duchesne s'intéresse aussi, d'une manière plus personnelle, à la création libre. Ses carnets d'aventures nous font voir un goût marqué pour le travail sur le motif. De retour en atelier, il approfondit différents médiums et techniques picturales. Il expose en permanence à la Galerie d'art Jacques-Cartier, à Cap-Rouge, et offre des ateliers personnalisés dans différents domaines.
www. bernardduchesne.com

Illustrations
Bernard Duchesne : 7, 19, 29, 33, 49
Suzanne Morel : 65, 79

Alibis 29 en ligne
www.revue-alibis.com

Prix Alibis
2009

Le Prix ALIBIS
s'adresse aux auteurs du Québec et du Canada francophone
et récompense une nouvelle de polar, de noir ou de mystère

DISPOSITIONS GÉNÉRALES

Les textes doivent être inédits et avoir un maximum de 10 000 mots (60 000 caractères). Ils doivent être envoyés en trois exemplaires (des copies, car les originaux ne seront pas rendus). Afin de préserver l'anonymat du processus de sélection, ils ne doivent pas être signés, mais être identifiés sur une feuille à part portant le titre de la nouvelle et les nom et adresse complète de l'auteur, le tout glissé dans une enveloppe scellée. La rédaction n'acceptera qu'un seul texte par auteur.

Les textes doivent parvenir à l'adresse de la rédaction d'**Alibis** :

**Prix ALIBIS, C. P. 85700,
Succ. Beauport, Québec (Qc) G1E 6Y6**

Il est très important de spécifier la mention « Prix ALIBIS ».

La date limite pour les envois est le **vendredi 20 février 2009**, le cachet de la poste faisant foi.

Le lauréat ou la lauréate recevra une bourse en argent de 1000 $. De plus, il ou elle pourra s'envoler pour la France afin d'assister à un prestigieux festival de polar, voyage offert par le **Consulat général de France à Québec**. Le nom du gagnant ou de la gagnante sera dévoilé lors de l'édition 2009 du **Salon international du livre de Québec**. L'œuvre primée sera publiée en 2009 dans le numéro d'été d'**Alibis**.

Les gagnants des Prix **Alibis** des trois dernières années ne sont pas admissibles.

Le jury est formé des membres de la direction littéraire d'**Alibis**. Il aura le droit de ne pas accorder le prix si la participation est trop faible ou si aucune œuvre ne lui paraît digne de mérite. La participation au concours signifie l'acceptation du présent règlement.

Pour tout renseignement supplémentaire, contactez Pascale Raud, coordonnatrice de la revue, au courriel suivant :

raud@revue-alibis.com

Présentation

Sous la surface

Au moment d'écrire ces lignes, le *plusse beau pays du monde* est au cœur d'une crise politique sans précédent ; au moment où *vous* lirez ces lignes, chers abonnés, cette crise ne sera toujours pas réglée. Comment diable des hommes et des femmes qui ne cessent d'assurer leurs concitoyens de leur bonne volonté en sont-ils venus à un résultat aussi pitoyable ?

Je ne prétends pas vous apporter ici la réponse, mais en me penchant sur le contenu de ce premier numéro de 2009, laissez-moi vous dire que je le trouve extrêmement d'actualité. Car la littérature policière n'est-elle pas le parfait reflet des travers de nos sociétés et des gens qui les composent, l'endroit idéal pour analyser ces zones d'ombre qui s'agitent sous la surface du vernis correctement politique de tout un chacun et qui, abruptement exposées en pleine lumière, font voler en éclats tous les *a priori* ?

Non, les invités de ce numéro ne se sont heureusement pas attardés à décortiquer cette crise, mais les sujets dont ils traitent en leurs noires nouvelles vous permettront sans doute de mieux comprendre le côté sombre de la nature humaine… et Dieu sait qu'il y a de l'humain, et donc du sombre, en politique !

Qu'on en juge avec « Le Prix de Diane », de **Luc Baranger**, qui met en scène un personnage qui a été *très près* des événements qui ont coûté la vie à Lady Dy et Dodi al-Fayed. Avec sa verve coutumière, le premier récipiendaire du prix Alibis s'immisce sous la surface du fait divers et expose à la lumière une bien étrange réalité. De quoi alimenter les amateurs de complot ! Pour sa part, **François Aussanaire**, auteur breton que nous accueillons pour la première fois en nos pages, nous propose avec « Horn » une visite particulière dans une maison de retraités tout aussi particulière. C'est que, sans jeu de mots, on y meurt parfois bien rapidement, au dernier refuge des gens de mer. Il y a anguille sous roche ! **Martine Latulippe**, quant à elle, nous rappelle dans une saisissante vignette, « Le Dormeur », que même la réalité la plus banale peut parfois, et sans aucun préavis, se transformer en cauchemar – de quoi alimenter les vôtres ou, du moins, vous inciter à la prudence en tout temps ! Enfin, nous vous avions promis d'autres textes de Peter Sellers, cet auteur canadien-anglais injustement méconnu (mais, vous murmure à l'oreille certaine méchante

langue, peut-on devenir connu en n'écrivant *que* des nouvelles ?),
alors voici un doublé exceptionnel qui, de nouveau, montre son
remarquable talent pour explorer les réalités sous-jacentes aux
situations les plus coutumières de la vie. Dans « Warren Road »,
c'est l'univers d'un livreur de pizza qui, en se laissant guider par ses
appétits, bascule lentement mais sûrement ; dans « Les Habitués
du Backroom », celle d'un apprenti écrivain qui devra vivre le reste
de ses jours avec les conséquences de ses actes en soi anodins…
pour peu qu'on ne creuse pas sous la surface !

En milieu de programme, deux articles fascinants. Tout d'abord
une entrevue de groupe menée par Martine Latulippe, qui pose la
question suivante à sept auteurs québécois pour la jeunesse : écrire
du polar pour les jeunes, est-ce le même travail qu'écrire pour les
adultes ? Les réponses lucides et variées de **Camille Bouchard**,
Benoît Bouthillette, **Chrystine Brouillet**, **François Gravel**,
Jean Lemieux, **Michèle Marineau** et **Robert Soulières** vous
intéresseront certainement tout autant que nous. Et puis nous vous
proposons « L'Épidémie polar », première partie de l'enquête sur
le polar de **Jean-Jacques Pelletier**. On appréciera à sa juste
valeur l'angle original et tout à fait éclairant adopté par l'auteur
de la série des *Gestionnaires de l'apocalypse*, qui lui permet de
décortiquer ce qui se cache sous la surface de la littérature la plus
populaire du dernier siècle.

Bien entendu, nos chroniques régulières sont au rendez-vous
en fin de numéro et, comme à l'habitude, notre équipe de critiques
aguerris, avec en tête l'intrépide **Norbert Spehner**, vous guidera
dans l'univers des romans policiers dont l'offre n'a jamais été aussi
abondante.

Voilà. En terminant, un mot sur un changement que vous avez
certainement remarqué sur la couverture (ou à la caisse si vous
avez acheté ce numéro à l'unité). Eh oui, il s'agit d'une première
hausse de tarif en sept ans de publication ; vous conviendrez qu'il
fallait un jour réajuster notre prix de vente en kiosque et librairie,
qui datait de 2001, aux réalités actuelles. La bonne nouvelle dans
tout ça, c'est que le tarif de l'abonnement, lui, demeure inchangé,
et ce malgré les hausses annuelles répétées des Postes canadiennes
qui, elles, n'ont jamais loupé une année pour nous « refaire le
coût ». Qu'on se le dise !

Bonne lecture hivernale et rendez-vous au printemps.

Jean Pettigrew,
pour la rédaction

Comité de rédaction et direction littéraire :
Martine Latulippe, Jean Pettigrew

Chroniqueurs : Jean-Jacques Pelletier, Christian Sauvé, Norbert Spehner

Éditeur : Jean Pettigrew

Site Internet : http://www.revue-alibis.com

Webmestre : Christian Sauvé

Abonnement : Voir formulaire sur cette page

Publicité : Pascale Raud
raud@revue-alibis.com
(418) 525-6890

Trimestriel : ISSN 1499-2620

Date d'impression : janvier 2009

Nous reconnaissons l'aide financière accordée par le gouvernement du Canada pour nos coûts de production et dépenses rédactionnelles par l'entremise du Fonds du Canada pour les magazines.

Alibis est une revue publiée quatre fois par année par les Publications de littérature policière inc.

Les nouvelles publiées dans **Alibis** sont des textes de pure fiction. Toute ressemblance avec des personnes vivantes ou ayant vécu et avec des événements réels est une pure coïncidence.

Toute reproduction est interdite à moins d'entente spécifique avec les auteurs et la rédaction. Les collaborateurs sont responsables de leurs opinions qui ne reflètent pas nécessairement celles de la rédaction.

Dépôt légal à la Bibliothèque nationale du Québec
Dépôt légal à la Bibliothèque nationale du Canada

© **Alibis et les auteurs**

Le Prix de Diane [1]

LUC BARANGER

Bernard Duchesne

M ardi 11 mai 2003. Vingt-trois heures douze. L'aiguille des minutes de ma montre semble devenir asthmatique, comme si, tel un plongeur sous-marin, remonter vers le douze exigeait un palier obligé de décompression. Il me reste encore deux heures et quarante-huit minutes à faire le pied de grue. Pour pas grand-chose. Pour que la bande de parasites en costumes

---

[1]   Célèbre course de chevaux, créée en 1843 et dotée de 1,5 million de dollars de récompenses. Elle se court en juin à l'hippodrome de Chantilly, près de Paris, dans une ambiance festive qui réunit 30000 spectateurs. Parmi ceux-ci, les plus belles pouliches de l'année s'y font surtout remarquer pour leur décolleté.

sombres finement rayés adopte une énième et inutile résolution du Conseil de sécurité. Pour que ces messieurs et ces quelques dames (mais qu'ont-elles encore de féminin ?) sortent vers trois heures du matin, avec la barbe bleuissante ou le maquillage défraîchi, histoire de montrer, les yeux cernés dans l'œil de bovidé des caméras, qu'il a fallu ferrailler dur, mais qu'ils y sont enfin parvenus, parce que la paix, manants du monde entier, ça n'a pas de prix, et que ces gens-là font un métier admirable. Ils commenceraient leur journée comme tout le monde, à huit heures du matin, neuf fois sur dix, vers deux heures de l'après-midi, ils auraient terminé. Mais ils vivent dans le paraître, l'esbroufe, la frime et les effets de manches, alors ils se disent que quitter le bureau à l'heure de la sieste crapuleuse, ça ne ferait pas sérieux, et ils débarquent en séance à l'heure du souper pour finir à plus d'heure. Ils pourraient bien discutailler non-stop des jours durant. Qui croirait au professionnalisme de ces pantins et à la sérénité de l'ONU ? Franchement, quand on pense que la charte de ce que de Gaulle appelait dédaigneusement le *machin* a été signée à la sauvette dans l'opéra de San Francisco… un mois et demi avant que l'oncle Sam envoie *Little Boy* se dégourdir les neutrons à Hiroshima et *Fat Man* faire la bombe à Nagasaki. Vous me direz, un opéra… pour un ramassis de comiques, de bouffons, de vrais tartarins et de fausses divas de la diplomatie, on peut y voir comme une cohérence.

Qu'espérer d'une organisation portée sur des fonts baptismaux aussi explosifs ?

Remarquez, je pourrais aller m'assoupir quelques instants dans un placard à balais. Le boss, que j'ai surpris à somnoler plus d'une fois, ne s'en apercevrait même pas. Qui osera attaquer l'ONU par cette nuit printanière ? Si des farfelus, le cutter du Dollarama entre les dents, décidaient de jouer aux quilles avec les gratte-ciel, façon oncle Ben dans son remake de *New York – New York*, mais sans Liza Minnelli, en quoi pourrais-je être utile avec mon oreillette et mon Sig Sauer .45 ?

D'après le chef, nous serions mille huit cent cinquante-quatre cerbères dans mon genre à garder les corps de quelques centaines de parvenus, de pistonnés, de bons à rien, de pelleteux de nuages convaincus que, sans eux, le monde serait à feu et à sang. Comme s'il ne l'était pas déjà ! Quelle pantalonnade ! Vous verrez qu'un jour ils dérouleront le tapis rouge pour un pape qui a levé le bras droit plus souvent qu'à son tour au sein des Jeunesses hitlériennes. C'est bien simple, chaque fois que je vois un type propre sur lui, l'allure circonspecte, le cheveu lisse, le sourire contrit de rigueur et la bottine luisante comme une route asphaltée après la pluie, chaque fois que j'en vois un s'extirper d'une limousine blindée dont un valet obséquieux tient la porte, je me demande systématiquement de quelles saloperies il s'est rendu coupable pour en arriver là. C'est devenu comme un réflexe. Même chez moi, qui suis tout sauf un enfant de chœur.

Tiens ! Voilà qu'on s'agite à la sortie de la salle du Conseil. Dans la forêt mouvante de costumes anthracite, j'entraperçois la houppette frisée de cheveux blancs de mon client préféré, ce nabot de secrétaire général. Il a toujours sa bonne tête de pâtre africain. Chez lui, dans sa misère caillouteuse, où on attraperait le sida rien qu'en regardant une bonne sœur marcher dans la rue, je l'imagine bien avec une couverture dépenaillée sur le dos, sandales aux pieds, un bâton à la main, en train de guider trois zébus faméliques vers un point d'eau saumâtre. Ici, forcément, il fait dans le costume Armani et les escarpins de chez Gucci. Et que je bombe le torse pour ne pas perdre un pouce, et que je distribue un petit sourire condescendant à gauche, un discret hochement de tête à droite. Quel cabot le nabot ! Plus ça va, et plus j'ai l'impression qu'il se prend pour une espèce de dalaï-lama en civil. La démonstration de lévitation sur une musique de Jean-Michel Jarre, ai-je souvent envie de lui demander, c'est pour quand ? J'admets qu'on lui donnerait le Bon Dieu sans concession. Je ne désespère pas le voir un jour imposer les mains sur la tête des moribonds et guérir les écrouelles des bums de la 5e Avenue. C'est sûrement ce qui lui vaut cet air pénétré dont il ne se dépare jamais devant les caméras. Quand on a fait le choix de porter les péchés du monde en sautoir, il faut bien donner l'illusion d'avoir tordu le cou à la rigolade, montrer qu'on est bien davantage qu'un altruiste convaincu qui n'a même pas le moindre échantillon du propre de l'Homme sur lui. Dommage que la populace ignore le côté pile de la médaille de cette face de rat. J'en ai eu un aperçu saisissant l'autre nuit quand, avec mon collègue Kowalski, on est allés le récupérer en hélicoptère dans une résidence de Martha's Vineyard. Je devrais fréquenter Kowalski plus souvent, car ce garçon plein d'avenir et d'allant a le chic pour être sur les bons coups. Dommage que je n'aie pu entièrement visiter la propriété des Vanderbilt, là où se déroulait la petite sauterie. Cependant, d'après ce que j'ai pu voir de la bamboula digne des meilleures séquences de la chute de l'Empire romain, des bimbos déchaînées et dénudées, des traces de poudre de perlimpinpin sur le marbre des manteaux des cheminées et des cadavres de magnums de Taittinger millésimés couchés sur le flanc, j'ai eu le sentiment que mon secrétaire général s'était un peu plus laissé aller qu'en commission plénière. Nous l'avons récupéré en piteux état, l'œil torve, le sourire béat, les vernis à la main, la chemise à pendouiller par-dessus le pantalon à la braguette béante et la cravate qui dépassait de la poche. Ah! Il était beau, l'homme qui voudrait réunir les hommes! Il n'y a rien de nouveau sous le soleil. Déjà, avant la Deuxième Guerre mondiale, Albert Cohen disait des gravures de mode de la Société des Nations, où il avait le malheur de faire semblant de travailler, je cite de mémoire: « Ah! ces cocktails vaguement diplomatiques où les ministres ont tous l'œil international, la pochette blanche, les décorations et tous suivis par leurs hémorroïdes... cachées ».

Mais voilà que le grand sachem de la paix planétaire fait un crochet pour aller serrer la main à cette grosse baderne de Powel. Baderne Powel, ça lui irait comme un couteau suisse à un scout, ce nom-là. On raconte qu'il a été la caution noire de Bush, et voilà qu'aujourd'hui, après être passé au laminoir de la Maison Blanche, il paraît moins bronzé que moi. Et ce n'est pas peu dire, parce qu'avec ma peau de rouquin qui aurait pris le soleil à travers un égouttoir à nouilles, même Ray Charles ne me confondrait pas avec Morgan Freeman. Que peuvent-ils bien se raconter tous les deux en se cajolant les mains comme des vieilles commères qui se retrouvent dans le square où elles sont venues faire pisser les chiens? Ils se parlent à l'oreille alors que les flashs crépitent, et que les cadreurs de CNN laissent inutilement tourner leurs caméras. Demain matin, le monde entier se dira que les deux grands hommes décident du devenir d'une parcelle de la planète alors que je suis sûr que le pâtre est en train de demander au scout comment s'est déroulée sa partie de jambes en l'air avec la nouvelle attachée d'ambassade d'Ukraine, la bimbo dont tout le monde parle depuis un mois. Question géographie australe, surtout celle du sud de l'équateur féminin, mon Ghanéen ne perd jamais le nord, son nom restera gravé dans le marbre avec ceux des grands explorateurs des monts de Vénus.

Le nabot s'indigne, monte sur ses grands chevaux, quand les journalistes insolents osent remuer le couteau dans la plaie béante du souvenir en lui reparlant du Rwanda, à l'époque où il y était responsable du maintien de la sécurité, au bon vieux temps des massacres génocidaires de 1994. Combien y a-t-il eu de décapités, éventrés, démembrés ? Huit cent mille ? Davantage ? Tout ça en un mois ? On n'ose imaginer l'hécatombe si les excités avaient disposé d'armes automatiques. Mais un petit million de suppliciés au milieu des mille collines d'un pays d'Afrique dont personne n'avait jamais entendu parler, mis à part les cris d'orfraie des tiers-mondistes mondains et des patrons de presse qui ont saisi l'occasion de vendre du papier avec de jolies photos écarlates, le reste du monde s'en est foutu comme de l'an 40. La poubelle africaine, si on fait abstraction des multinationales occidentales qui en pillent les matières premières, ça intéresse qui ? Je vous demande un peu. Je serais curieux de voir où les Bushmen états-uniens situeraient le Rwanda sur un planisphère, eux qui ignoraient qu'Oklahoma City, c'était au coin de la rue jusqu'à ce qu'un dingue volatilise cent soixante-huit pèlerins avec un camion bourré de pentrite. En tout cas, il s'en est bien sorti, mon Ponce Pilate africain, du scandale de la grosse collecte de sang contaminé. Pour le remercier de sa totale inefficacité, on l'a porté ONU et nommé secrétaire général du machin. Elle est pas belle, la vie, quand on sait louvoyer entre les arcanes des pouvoirs en place et magouiller entre amis ? Tiens, le voilà qui me passe sous le nez. À moins d'un mètre. Sans me voir. Comme d'habitude. Normal, dans ces murs comme dans d'autres, le port de l'oreillette rend invisible.

Mais qu'est-ce que j'ai ce soir à vomir de même et à cracher dans la soupe ? Depuis la mort de la Princesse de Galles, s'il y en a un qui a toutes les raisons de fermer sa gueule, c'est quand même bien moi ! Depuis mes dizaines d'opérations de chirurgie esthétique, je n'ai peut-être plus exactement la même face, mais je ne vais pas porter plainte non plus. Pour ce qu'elle était bien, ma gueule d'avant. La nouvelle n'est pas si pire. Quand je regarde les photos de l'épave de la Mercedes dans le tunnel de l'Alma, je comprends pourquoi à l'hôpital de la Salpêtrière, à Paris, les médecins m'avaient surnommé Simon. Au début, je ne saisissais pas. J'étais dans une espèce d'ailleurs, les voix me semblaient lointaines, en provenance d'un au-delà dont j'avais violé la frontière. Plus tard, j'ai su que le dénommé Simon avait été ressuscité par l'illusionniste de Nazareth.

Ciboire! Je ne suis pas près de les oublier, les tourtereaux Lady Di et Dodi al-Fayed. Je suis resté douze jours dans le coma, avec un pied dans la tombe et l'autre au paradis artificiel. Autant vouloir compter les étoiles que le nombre de mes fractures. L'as de la chirurgie esthétique qui m'a redonné forme humaine m'a greffé cent trente-sept morceaux de titane, rien que sur la boîte crânienne. Du grand art. En prime de mon calvaire, trois ans plus tard, et pour des tas de raisons, on m'a offert cette job très recherchée de numéro cinq dans la hiérarchie des porte-flingue du bâtiment de l'ONU. Je dois m'estimer heureux. Qu'est-ce qu'un gamin du quartier vérolé de Sheperd's Bush, à Londres, et qui s'est fait virer de l'école à quatorze ans, pouvait espérer de la vie? Mes copains et moi n'avions que deux solutions pour échapper à la mouise qui nous collait aux semelles de génération en génération: gratteux de guitare ou joueur de soccer. Attendu ma nullité dans ces deux disciplines, j'ai choisi l'armée, qui elle-même m'a ouvert les portes de l'univers feutré des services secrets britanniques.

À ma sortie de l'hôpital, avec ma tête toute rechapée comme un vieux pneu, je me suis répandu dans les médias pour dire que je ne me rappelais de rien, que je souffrais du même trou de mémoire au sujet de l'accident que Slobodan Milosevic au sujet des atrocités serbes contre les Albanais. Il me semble avoir fait acte de bravoure en acceptant de raconter mes mémoires d'amnésique de seul survivant du crash du pont de l'Alma. C'est Susan, ma femme, qui y tenait. Plus tard, quand elle a découvert que j'entretenais une liaison avec l'auteure américaine chargée de la rédaction du bouquin, elle s'en est mordu les doigts. Et moi aussi. Jamais je ne retrouverai une telle femme. Quand je combattais en Irlande du Nord au sein du 1er bataillon de parachutistes, mes copains me disaient que ça ne courait pas les rues des pas farouches comme elle. Mais je comprends que Susan en ait eu ras le casque. Avec mon boulot, j'étais toujours parti aux cinq cents diables. N'empêche, avec le recul, je me rends compte que le divorce m'a foutu un sacré coup. La preuve : j'ai démissionné des paras pour entrer dans la police. Ma mère avait bien raison quand elle disait que j'étais un garçon instable qui ne savait jamais s'il voulait jouer au football ou au rugby. Non, c'est un mauvais exemple, parce que j'étais un excellent demi de mêlée et aurais pu faire une carrière professionnelle, à condition d'éviter les *fish and chips* bien huileux et de ne pas trop forcer sur la lager. Tu ne referas pas ta propre histoire, mon vieux Trevor. Et puis c'est loin tout ça, les paras, la police militaire, les patrouilles de nuit la peur au ventre dans les ruelles de Londonderry, les catholiques de l'IRA qu'on torturait à l'électricité avant d'aller les ensevelir sous la soude ou la chaux. Sans cette expérience dans la police militaire, je n'aurais jamais fait agent secret et je ne serais pas là, cette nuit, à me la couler douce dans un couloir truffé de caméras, à faire semblant de garder la moquette. Quand j'y repense… C'était risqué tout de même de devenir garde du corps de la famille al-Fayed, mais le principe du cheval de Troie a fait ses preuves. Aucun homme n'ayant jamais rien à se reprocher, cela fait partie des règles de base de mon métier, identifier un canard boiteux parmi les proches du milliardaire, cela n'a pas été trop difficile, tout comme de le faire chanter. Il eut été fâcheux que sa femme (promise à un copieux héritage) apprenne fortuitement, photos à l'appui, les écarts de conduite du père de ses enfants en compagnie de jeunes filles pubères. Bref, grâce au lobbying actif de ce collaborateur zélé, le vieux al-Fayed a accepté mon recrutement. Se faire embaucher par le type qu'on doit descendre, si ce n'est pas de la belle ouvrage, qu'est-ce que c'est ? Le général Tom Swanson, mon supérieur, s'est montré à l'écoute quand je lui ai fait part de mon sentiment, à savoir que supprimer al-Fayed senior serait trop lourd de conséquences, mais que si son fils Dodi disparaissait accidentellement, par ricochet, le résultat serait le même. En revanche, je n'ai jamais flairé ma propre manipulation et j'ai toujours ignoré que je travaillais en sous-traitance pour le Mossad. C'est un ancien collègue, responsable aujourd'hui de la garde prétorienne d'un dictateur d'Afrique australe, qui me l'a appris. Je savais que les échanges de bons procédés existaient entre le Mossad et le MI6, mais comment aurais-je pu me douter que j'en étais le jouet ? Vous neutralisez

13

le père al-Fayed, soutien financier du Fatah, et nous, parce qu'on n'est pas des ingrats, on vous supprime qui vous voulez. Quand je pense que le monde entier, Mohamad al-Fayed en tête, a cru au complot et que l'accident avait été commandité par la famille royale pour éliminer cette écervelée de Diana, alors qu'en fait la cible était Dodi, le moyen le plus sûr de calmer les ardeurs pro-palestiniennes de son père.

14   La soupe était bonne chez les al-Fayed, le petit personnel bien traité. En retour, il ne fallait pas compter ses heures, mais nous passions beaucoup de temps en France, dans les palaces parisiens, de Gstaad ou de la Côte d'Azur. Sans parler des nombreuses croisières en Méditerranée ou aux Bermudes. Ceci compensait cela.

Je ne regrette pas d'avoir su jouer les amnésiques éclairés. Ceux qui furent mêlés de près à cette histoire, et qui ont cru bon d'essayer de révéler ce qu'ils savaient, en ont été pour leurs frais. Je pense à ce photographe anglais, Jim Anderson, qui se trouvait au bout du tunnel, le soir de l'accident, et qui a vu le chauffeur de la fameuse voiture blanche, celle qui a fait une queue de poisson à la Mercedes. Peut-être aurait-il pu un jour le reconnaître. Mes collègues n'ont pas hésité un seul instant. Ils l'ont brûlé vif dans sa voiture, en plein plateau du Larzac, l'un des coins les plus désolés de France. La police locale a conclu au suicide. Vous en connaissez beaucoup qui achètent des roses à leur femme, ce qu'avait fait Anderson, juste avant d'aller s'immoler en pleine nature ? Mais le pompon, ça reste le Dr Benazet. La nuit de l'accident, il aurait mieux fait de se casser une jambe que d'être de permanence à la Salpêtrière. Étrange coïncidence tout de même, que le médecin qui avait équipé Henri Paul, le chauffeur de la Mercedes, d'un pacemaker quelques années plus tôt, se retrouve de service le soir où le même Henri Paul embrasse le parapet central du tunnel. Et c'est à lui qu'a incombé la tâche délicate d'opérer la princesse et de rédiger les rapports d'autopsie. Quand Benazet est mort, quelques mois plus tard, à cinquante à l'heure, au volant de sa propre voiture, après avoir heurté un mouton qu'il n'avait pas pu éviter, au milieu du désert marocain, et en plein hiver, on a conclu à un banal accident de la route. Le bélier marocain résiste au pare-chocs de Land Rover, il faut le savoir.

« Il jouait au Petit Prince », m'a dit avec humour ce collègue qui travaille pour ce grand humaniste de Robert Mugabe.

L'opération al-Fayed – Lady Di avait été minutieusement préparée. Pour en trafiquer la direction, mes collègues avaient volé la Mercedes en avril, en plein cœur de Paris, quatre mois avant « l'accident », devant le restaurant Taillevent, l'une des meilleures tables de la capitale. En plein midi, ils étaient tombés à bras raccourcis sur le chauffeur qui faisait le pied de grue, appuyé à la portière. Ils avaient roué de coups le pauvre type qui, aujourd'hui encore, ignore qu'il a été, malgré lui, le rouage très secondaire d'une machination internationale. Quelques semaines plus tard, on a retrouvé la limousine à Montreuil, en banlieue, intacte. Comme si de rien n'était, elle a repris du service au Ritz, un des palaces que possède le vieux al-Fayed. Et on n'en a plus entendu parler jusqu'à ce fameux soir du 31 août. Mes collègues peuvent être fiers de leur travail. Les services secrets français n'y ont vu que du feu. De toute façon, en France, c'est comme aux États-Unis, plus c'est gros et plus ça marche. La liste est longue, qui va du ministre Fontanet, abattu devant chez lui, par un inconnu jamais identifié, en plein Paris, en promenant le chien, en passant par son collègue Boulin, retrouvé noyé dans quarante centimètres d'eau, François de Grossouvre, le conseiller personnel du président de la République, qui se fait sauter la cervelle en plein Palais de l'Élysée, ou encore Bérégovoy, ancien Premier ministre à la retraite depuis un mois, qui se suicide de deux balles (mais si, les Français l'ont cru !), car c'est bien connu, lorsque la personnalité protégée souhaite réfléchir seule dans son auto, le chauffeur et le garde du corps vont faire une promenade, le dernier abandonnant naturellement son arme dans la boîte à gants. Pourquoi n'a-t-on jamais eu connaissance des analyses balistiques et du rapport d'autopsie ? Le mystère reste entier, comme on dit dans les tabloïds de chez moi. Drôle de peuple, que ces Français, qui déjà il y a cinq siècles croyaient aux inepties de Jeanne d'Arc, que nous, Anglais, brûlâmes… comme Anderson.

❖

Les circonstances de notre « fâcheux accident » étaient bien
huilées, mis à part deux imprévus : qu'Henri Paul roulât si vite et
qu'il ait bu plus que de raison. À cause de cela, il s'en est fallu
d'un cheveu que j'y reste. Mais le coup de faire exploser, au
même moment, la pile de son pacemaker et la colonne de direction de la voiture à l'aide de ma télécommande porte-clés, même
MacGyver n'y aurait pas pensé. Malgré notre vitesse folle et
l'éclairage public qui ne dessinait plus qu'une traînée jaune pis-
seux au-dessus de nos têtes, comme s'il avait deviné que j'étais
le responsable de sa mort, Henri a eu le temps de tourner la tête
vers moi, déjà prêt à encaisser le choc, arc-bouté et la main droite
cramponnée sur la poignée de la portière. Je n'oublierai jamais
ses yeux écarquillés où déjà la mort se lisait à livre ouvert.
Quelques secondes plus tôt, alors qu'à l'arrière la fille à papa et
le fils du désert roucoulaient comme deux adolescents boutonneux,
il me racontait qu'il avait fait le conservatoire de piano. Ce qui
était vrai, et ne collait absolument pas avec ses fonctions actuelles de responsable de la sécurité du Ritz et ses relations
troubles avec certaines officines œuvrant pour des services secrets
étrangers. On disait même que pour arrondir ses fins de mois,
étant très au fait des allées et venues des people et des VIP's du
palace, il monnayait des scoops avec des journalistes. Et puis
soudain, ç'a été le court-circuit fatal à l'intérieur du pacemaker.
Quel idiot j'ai fait ! J'aurais pesé sur le piton de mon porte-clés
magique à l'entrée du tunnel, quand nous roulions encore à cent
trente, la Mercedes serait de toute manière partie en tête à queue,
vu que la colonne de direction venait de briser et le système
ABS d'être neutralisé par mes soins. À l'arrière, les amoureux,
qui ne s'attachaient jamais, ces gens-là étant au-dessus des lois,
se seraient fracassés comme prévu contre le béton du parapet,
mes collègues ayant pris soin de scier les longerons de protection à
l'intérieur des portes pendant la mystérieuse disparition du véhicule. Je m'en serais mieux sorti qu'à cent quatre-vingts à l'heure.
Swanson m'a assuré plus tard qu'à cette allure, ça faisait « beaucoup plus vrai ». On voit bien que ce n'est pas lui qui a subi les
opérations, enduré les mois d'hôpital et de rééducation. Quand il
m'a dit cela, j'ai senti que ça aurait fait encore plus vrai si j'y
étais resté. L'essentiel, c'était que Dodi soit mort. Lady Di, pour

parler franchement, on s'en moquait bien. On ne fait pas d'omelette sans casser des œufs. Et puis, grâce à elle, avec sa chanson à faire pleurer dans les chaumières, Elton s'est fait trois sous d'argent de poche. Les dommages collatéraux ont parfois du bon. J'avais beau avoir la mâchoire bloquée et devoir m'alimenter avec une sonde, j'ai quand même rigolé intérieurement quand j'ai appris que c'était le vieux al-Fayed qui payait mes frais médicaux et mettait un avion privé à la disposition de Susan et de mon frère pour qu'ils viennent me voir à Paris. Lui qu'on disait un vieux roublard, que le tout Londres des affaires et de la haute finance appelait monsieur Swindler, « l'arnaqueur », ne s'est jamais douté de rien. Quand j'ai pris mon compte, parce que je ne voulais plus l'accompagner à la télé pour dire du mal des services secrets britanniques et apporter de l'eau au moulin de sa théorie sur une conspiration ourdie par la famille royale, ça ne lui a même pas mis la puce l'oreille, que je pouvais faire partie du MI6. Au début, à une époque où je marchais encore avec une canne, j'avais dans l'idée d'aller sur les plateaux de télé, mais le général Swanson, qui ne manque pourtant ni d'humour ni de cynisme, a refusé. Je l'entends encore me dire : « Trevor, avec les journalistes, et en direct, on ne sait jamais comment ça peut tourner. Une parole malheureuse est si vite arrivée. » Sans doute avait-il raison. Alors j'ai changé d'avis. On avait déjà tellement eu de chance d'atteindre l'objectif qu'il valait mieux ne pas pousser le bouchon plus loin…

❖

Me voilà à présent sur des rails jusqu'à la retraite, tranquille comme Baptiste. Je patrouille dans des couloirs souvent vides pour un salaire d'honnête ministre de république bananière, exonéré d'impôts, naturellement, puisque je suis fonctionnaire international. Je dispose d'un coquet portefeuille d'actions, d'un condo de 1500 pieds carrés donnant sur Central Park. J'ai offert un douillet deux-pièces à ma mère dans Kensington, une Porsche à mon frère et Susan touche une confortable pension alimentaire. Que demander de plus ? Ah ! Mais voilà que Kowalski me parle dans mon oreillette. Il est dans la salle de contrôle du second réseau de surveillance (celui des caméras indétectables) et me demande de l'y rejoindre.

— Qu'est-ce que tu racontes, Koko ? Que l'Ukrainienne est dans le bureau des Chiliens en train de se faire ramoner la cheminée par le délégué des Émirats arabes unis ? Et debout ? Attendsmoi, j'arrive !

C'est vrai, ça, on n'a pas si souvent l'occasion de rigoler dans notre métier.

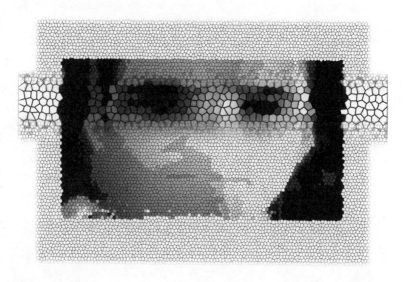

Originaire des mines d'ardoise de l'Anjou, Luc Baranger, depuis 1977, a publié sept romans, dont *La Balade des épavistes* (Alire, 2006), et deux recueils. En 2005, il remportait le prix Alibis avec sa nouvelle « À l'est d'Eddy » (*Alibis* 15). Passionné des civilisations amérindiennes et de blues, après avoir vécu en Angleterre, aux États-Unis, dans l'océan Indien et dans le Pacifique Sud, où il fut cadre pédagogique, éducateur, conseiller ministériel, nègre d'un ambassadeur ou patron de submersible, il s'est définitivement ancré au Québec. Il est le traducteur attitré de Christopher Moore.

Horn

FRANÇOIS AUSSANAIRE

Bernard Duchesne

Ils avaient été mettre un chalutier au milieu de la pelouse, ces cons !

Un de ces bateaux réformés, retirés du service, dont on ne sait plus quoi faire et que l'on n'ose pas brûler. Depuis quelques années, il y en a plein les ronds-points et les entrées de villes. Il faut croire qu'il ne devrait plus y voir assez de ronds-points pour venir le planter là.

Dans la cour de l'hospice.

Il a fallu au moins un architecte paysagiste pour pondre une idée aussi brillante.

Il ne voit même plus la mer, leur bateau !

Le bord de mer, c'est trop cher, c'est pour les touristes. Alors l'hospice, on l'a mis loin. Près des champs de choux-fleurs. Pour pas faire tache dans le décor.

D'abord, il ne faut pas dire l'hospice. C'est grossier.

Il faut dire « Le dernier refuge des gens de mer ». Ça reste un mouroir à matelots, mais c'est respectueux.

C'est là que la Sécu des inscrits maritimes parque tous ceux de la région qui ne peuvent pas s'offrir mieux. Ceux qui n'ont pas eu la chance de périr en mer et qui restent échoués au milieu des champs.

Comme ce foutu chalutier.

Quatre-vingts, on est dans l'hospice. Ou plutôt on était. Quatre-vingts pour soixante-quinze chambres ; parce qu'il y en a dix qui sont encore en couple.

Déjà qu'on s'emmerde toute la journée ; si en plus il faut supporter Maman. Merci bien ! Au moins, la mienne, elle a eu la délicatesse de casser sa pipe avant moi.

Sinon, j'aurais demandé à faire chambre à part.

Peut-être même hospice à part.

❖

Tous les jours, c'est le même programme. Rien ne change ; quoi qu'il arrive.

Enfin, en principe.

Les valides, les boitillants, les bringuebalants, les bancales ; ceux qui tiennent encore debout ; après la toilette, direction le restaurant, pour le petit-déj. Il ne faut plus dire réfectoire, il faut dire restaurant. Réfectoire, c'est si on était dans un hospice. Au restaurant donc, vieilles moustaches et dentiers trempés dans le café au lait pendant une bonne heure.

Pour les autres, c'est pareil, mais dans les chambres. Et moins longtemps parce que les infirmières, elles, n'ont pas que ça à foutre. En tout cas, c'est elles qui le disent.

Justement, moi je croyais que c'était exactement le contraire ; qu'elles étaient là pour ça, pour s'occuper des vieux.

Je n'ai pas tout compris. J'ai dû louper une étape.

Après, s'il pleut, il y a le choix entre la téloche, mais le matin, il faut s'accrocher, ou les jeux de société avec des encore plus vieux et encore plus teigneux que toi. Par contre, s'il fait beau, tu peux te promener dans le parc, si tes vieilles cannes te le permettent. Et là, tu as vue sur les champs de choux-fleurs. C'est beau.

Mais ça lasse.

21

Des fois, j'irais bien faire le con au milieu des choux-fleurs, ou jouer à la pétanque avec. Mais ça, on ne peut pas, les champs n'appartiennent pas à l'hospice.

Et c'est comme ça jusqu'à midi, jusqu'au déjeuner. Et pareil l'après-midi, jusqu'au dîner.

Ici, tu as intérêt à avoir de la mémoire pour te souvenir de ce que c'est que la mer, parce que tu n'es pas près de la revoir.

Moi, je sais que je la reverrai, la mer. Quand je serai mort. J'ai demandé à être incinéré et qu'ils balancent mes cendres à la côte.

Voilà, ici c'est comme ça. Tous les jours, toute l'année.

Sauf depuis trois mois.

❖

Il y a trois mois, Alvarez est mort. Une nuit. Arrêt du cœur pendant son sommeil, a déclaré le médecin attaché à l'hospice.

C'est con, il était plutôt sympa, Alvarez. Pendant trente-cinq ans, il avait été mécanicien sur le bateau qui fait la traversée entre Audierne et l'île de Sein.

Tout le monde l'aimait bien, Alvarez.

Sauf Horn.

— Bien fait pour sa gueule à celui-là ! C'était pas un marin, c'était un plombier, qu'il a dit, le matin, en apprenant sa mort.

De toute façon, Horn, il méprise tout le monde. D'après lui, pour être un marin, un vrai, il faut avoir passé le cap Horn au moins une fois dans sa vie. Lui, il l'a passé des dizaines de fois ; à ce qu'il dit, mais personne ne peut vérifier, alors on le croit.

C'est pour ça qu'il veut qu'on l'appelle Horn. Moi, je ne sais même plus son vrai nom ; j'ai déjà du mal à me rappeler le mien. Avec les autres vieux, quand il n'est pas là, on l'appelle plutôt le lieutenant de vessie ou le chargé de miction, rapport à sa prostate. Quand il tient une heure sans aller pisser, c'est qu'il est vraiment en forme.

Horn, c'est une caricature de marin. Grand, sec comme un mat d'artimon, le visage mangé par une barbe hirsute, une casquette délavée toujours vissée jusqu'aux yeux, même à table ; personne n'a jamais réussi à la lui faire enlever. À se demander s'il ne dort pas avec. Tout le temps à bougonner, d'une voix sourde. Il n'y a que quand il s'énerve que l'on comprend quelque chose. Et en général on n'y gagne pas.

Horn, c'est une gravure de mode.

Moi, ça va, il me fout plutôt la paix, parce que je faisais la ligne Rotterdam – Durban sur les cargos.

Comme il dit, le cap de Bonne Espérance, c'est pas le Horn mais c'est pas mal quand même.

Par contre, les autres ! Pas un qui ne trouve grâce à ses yeux. Pas plus les pensionnaires que les infirmières ou les personnels de service. Il ne leur adresse jamais la parole, sauf pour les engueuler ou les insulter.

Un joyeux compagnon !

Dans un hospice, un mort, ça ne surprend personne. Statistiquement, ça doit arriver régulièrement. En plus, Alvarez, il avait quatre-vingt-neuf ans. Du coup, personne ne s'est posé de question. Même quand Braouezec est mort, lui aussi. Cinq jours plus tard.

❖

Mêmes causes, mêmes résultats. Quatre-vingt-deux ans.
Arrêt du cœur pendant son sommeil. Et même réaction de Horn.
— Bien fait pour sa gueule, c'était pas un marin, c'était un paysan.
Toute sa vie, Braouezec avait été ostréiculteur à la sortie du Trieux.

23

Le troisième décès, une femme cette fois, a commencé à alimenter les conversations. Chacun y allait de sa théorie. Pour certains, c'était la cuisine qui était toxique ; on servait de la nourriture avariée pour faire du fric sur le dos des vieux. Pour d'autres, la ventilation de l'hospice ne fonctionnait pas et les avait asphyxiés. Quelques-uns étaient persuadés que les infirmières les avaient étouffés pour avoir moins de travail.
Pour la première fois depuis bien longtemps il y avait un peu d'animation dans l'hospice.

Le seul que tout cela rendait heureux, c'était Horn. À chaque nouveau décès, il paraissait rajeunir. Comme s'il se régénérait par la mort des autres. Pour un peu, il en aurait oublié d'aller pisser.

C'est seulement à la mort des Jéhan, un couple de Paimpolais, que la direction de l'hospice a commencé à prendre l'affaire au sérieux. Jusqu'à présent, il ne fallait rien dire, ce serait mauvais pour la réputation de l'hospice. Comme si elle avait encore quelque chose à craindre, la réputation de l'hospice !
Quel que soit le nom qu'on lui donne, un mouroir reste un mouroir.

Les Jéhan, ils sont morts tous les deux, dans leur chambre. La même nuit.
Le toubib s'obstinait à parler d'arrêt cardiaque. Pourtant, ils n'étaient même pas très vieux. Lui, soixante-treize ans, elle, soixante-quinze. Deux petites vies toutes grises, pas malheureuses, ni même tristes. Juste sans relief. Ils avaient vécu d'une barcasse

qu'il sortait tous les matins et de sa pêche qu'elle vendait sur les marchés du Goëlo.

Alors évidemment, ils ne pouvaient finir qu'ici. Ici où ils ne faisaient pas un bruit, où personne n'aurait même songé à en dire du mal.

— Des marins, ça? Pff! Un barboteur et une épicière. Bon débarras!

Horn jubilait.

24

Subitement, les journées étaient devenues beaucoup plus courtes, beaucoup plus animées. À table, dans les couloirs, dans tous les coins de l'hospice, on ne parlait plus que de ça.

Les tauliers s'étaient décidés à porter plainte contre X. Pour homicide.

Horn était heureux.

— Amenez-le-moi, ce X, que je l'embrasse. On devrait le décorer du Mérite Maritime!

Il y avait maintenant des flics partout dans l'hospice; à fouiller dans les moindres recoins, à poser des questions à tout le monde.

Bien sûr, tout le personnel a été interrogé. C'est normal, ce sont les infirmières et les femmes de service qui sont en contact permanent avec les vieux. S'il y a eu meurtre, c'est pour elles que c'était le plus facile.

Fausse piste apparemment.

D'après ce qu'on sait, mais on ne sait pas grand-chose, nous les vieux, alors forcément on brode, on invente; d'après ce qu'on sait, donc, ce n'était jamais les mêmes infirmières qui étaient de service la nuit des meurtres.

Des meurtres? Disons des décès. Pour le moment, officiellement, personne ne sait de quoi ils sont morts.

Il paraît que les flics ont fait faire des autopsies et des analyses, mais que les résultats ne sont pas encore connus.

Il n'y a pas urgence. Pendant ce temps-là, on a de l'animation.

La plupart des vieux ont été interrogés aussi. Au moins tous ceux qui ont encore à peu près leur tête. Et ça n'a pas loupé, tout le monde avait quelque chose à dire. Tous avaient vu ou entendu ce qui s'était passé. Mais aucun la même chose.

Bon courage pour démêler tout ça.

Moi, quand ils m'ont interrogé, j'ai rien dit. Ça les a surpris, un vieux qui n'avait rien à dire sur l'affaire.

J'aime pas les flics.

Maintenant, tout le monde est persuadé qu'il s'agit de crimes.

Même les flics.

D'autant que les morts ont continué.

❖

Chaque matin, la question du jour c'est : qui est mort ?

Alors on compte les présents au petit-déjeuner et on regarde qui manque à l'appel.

Ça n'est plus « le dernier refuge des gens de mer », c'est « les dix petits nègres à l'hospice ».

Tout le monde est suspect.

Tout le monde est une victime potentielle.

La semaine dernière, c'est une infirmière qui est morte. Elle s'est écroulée dans la chambre d'une vieille. La mère Moreau. Une teigne.

Comme ça s'est passé dans sa chambre, il a bien fallu qu'elle donne l'alerte. Elle en a profité pour engueuler tout le monde, comme quoi c'était inadmissible que l'on vienne mourir dans sa chambre, vu le prix qu'elle payait.

Les enquêteurs n'ont pas compris. Ça n'était pas logique. Que l'on tue des vieux à la chaîne, c'était cohérent ; quasiment rationnel. Mais qu'une infirmière, plutôt jeune de surcroît, y passe aussi, ça ne pouvait être qu'une erreur !

Ils n'avaient peut-être pas tort.

C'est ce jour-là qu'ils ont reçu les résultats des autopsies pratiquées sur les différents cadavres. Empoisonnement.

Au curare.

Dilué dans l'eau servie dans les chambres.

D'après les flics, l'effet est foudroyant. Même pas le temps d'appeler au secours.

❖

À force d'ouvrir sa grande gueule, Horn est peu à peu devenu le principal suspect. Pour les pensionnaires et le personnel de l'hospice d'abord ; pour les flics ensuite.

Comme les autres, il avait été entendu, et ça n'avait rien donné. Mais faute d'autres pistes sérieuses et à trop faire le malin, les enquêteurs se sont réintéressés à son cas.

C'est le curare qui les avait intrigués. Des infirmières auraient certainement pu s'en procurer assez facilement, mais leurs emplois du temps les avaient rapidement mises hors de cause.

Les enquêteurs n'ont pas eu de mal à reconstituer la carrière de Horn. Trente années dans la Royale. Toutes les campagnes dans le Pacifique, il les a faites.

De là à penser qu'il avait pu s'y procurer du curare et qu'il l'avait versé dans l'eau des vieux, c'était tentant.

Une telle haine envers ceux qu'il ne considérait pas comme des marins, il fallait bien qu'elle puisse s'exprimer autrement que par l'insulte et la provocation.

Par exemple par des crimes.

C'est toujours simple un raisonnement de flic.

Ils l'ont interrogé pratiquement toute la journée, dans le bureau de la directrice de l'hospice. À peine une heure pour déjeuner, dans sa chambre, en isolement, et une pause pipi toutes les heures, sous escorte.

Il n'est pas populaire dans le quartier, Horn. C'est le moins que l'on puisse dire. Pratiquement tout le monde a une raison ou une autre de lui en vouloir. On ne compte plus ceux qu'il a insultés, blessés ou choqués par ses déclarations.

Des pensionnaires jusqu'à la directrice, il n'avait que des ennemis. Mais ce jour-là, tout le monde prit sa défense. Il a presque fallu que les infirmières forcent la porte pour que les flics arrêtent l'interrogatoire.

Il paraissait au bout du rouleau en sortant, mais le regard et le sourire qu'il m'adressa avaient encore de l'énergie. Pas du soulagement, pas de l'ironie. Non. Quelque chose d'inquiétant, de carnassier.

De connivence peut-être aussi.

Chapeau bas, vieux râleur. À ton âge, il fallait le faire.

Beau final.

❖

Ce matin, Horn n'est pas descendu. Tout le monde a compris qu'il ne viendrait plus.

Il faut me comprendre.

Après l'interrogatoire d'hier, je ne pouvais pas me permettre de prendre des risques. Il aurait fini par craquer.

Tout le monde craque. Même Horn.

Il savait que c'était moi, le curare.

Et s'il ne le savait pas, il devait s'en douter. Il aurait parlé. Peut-être pas aujourd'hui mais, tôt ou tard, il aurait parlé.

Il faut me comprendre.

Je m'emmerde tellement dans cet hospice.

Et puis, j'aime pas les vieux.

Parution originale dans *L'Ours polar* 37-38, juillet 2006.

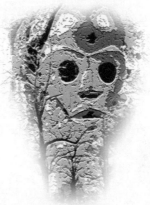

François Aussanaire, 46 ans, est cadre de direction dans l'habitat social en Bretagne. Auteur depuis 2001 de nouvelles où la noirceur n'exclut pas une certaine ironie, le plus souvent sur le thème du monde maritime et des heurts et malheurs des gens de mer. Régulièrement primées en concours, plusieurs de ses nouvelles ont été publiées en recueil collectif. Sa nouvelle « Horn » vient de gagner un prix spécial du concours Bonnes Nouvelles/Une nouvelle par jour 2008.

Le Dormeur

MARTINE LATULIPPE

Bernard Duchesne

etit matin de novembre terne. Difficulté de s'arracher au corps chaud et doux lové dans ses bras quand sonnent six heures et que le réveil se met à diffuser son flot de tristes nouvelles. L'appartement est froid. Elle ouvre les yeux, les referme aussitôt, serre plus étroitement encore le corps du dormeur contre le sien, laisse sa main effleurer la cuisse, les reins, puis retient son geste pour ne pas éveiller celui qui dort si bien. Elle soupire doucement, sort du lit rapidement avant de perdre à nouveau tout son courage.

Ses pieds nus se crispent sur le parquet glacé. Elle attend que le café soit prêt. Silence dans l'appartement sombre où les bruits de la cafetière occupent tout l'espace. Elle se verse une tasse de café, ouvre la porte au chat qui rentre au bercail après une éprouvante nuit de chasse, se fait couler un bain bien bouillant. Elle sait que le bain l'endort mais n'a pas le courage d'affronter le jet de la douche ce matin. Elle souhaite prolonger le doux brouillard de la nuit qui lui fait la tête un peu lourde, un peu molle.

Vacarme de l'eau qui emplit la baignoire, qui couvre le ronronnement du chat qui frotte son dos sur ses mollets nus avec enthousiasme. Elle boit son café à petites gorgées, ferme le robinet, met le bout du pied dans l'eau bouillante. La peau fine et blanche rougit immédiatement. La chaleur fait du bien à son corps froid. Elle plonge le pied entier, se crispe un instant sous le choc, puis plonge l'autre pied dans l'eau. De douces volutes s'élèvent dans la salle de bain. Tout est calme ; côté chambre, une respiration régulière se fait entendre.

Elle immerge finalement son corps entier dans la baignoire pleine aux deux tiers. Peu à peu, ses membres se détendent. Elle appuie la tête contre la paroi du bain, sort parfois timidement un bras, le temps de saisir sa tasse et de prendre une gorgée de café. Le chat s'est couché sur le tapis du bain et se laisse aussi gagner par la torpeur des chaudes vapeurs. Elle sourit légèrement, s'étire, cambre le dos.

Soudain, net et distinct, le bruit de la porte avant de l'appartement. Elle se redresse, tendue, les yeux inquiets. Silence. Discret soupir dans la chambre. Elle sourit : sans doute s'est-elle laissée aller à un demi-sommeil trompeur et a-t-elle rêvé ce bruit. Ou alors ce sera le camelot qui aura refermé la porte plus brusquement que d'habitude en déposant le journal.

Elle se laisse couler tout entière dans le bain. Yeux fermés, elle retient son souffle, sent ses cheveux flotter autour de son visage. Au bout de quelques secondes, elle émerge. Encore un bruit. Elle se crispe, écoute attentivement. De nouveau, plus rien. Elle se moque un peu d'elle-même, mais reste inquiète. Elle appelle le dormeur d'une voix faible. Pas de réponse. Elle tend l'oreille, entend à nouveau son souffle régulier qui la rassure. Cependant, à côté d'elle, le chat agite les oreilles fébrilement, poil hérissé. Il a aussi entendu le bruit.

Elle tente de se réconforter. Tout va bien. La porte a été verrouillée, comme chaque nuit. Personne ne peut entrer. C'est ridicule, de toute façon, elle n'est pas seule. Il dort à côté, tout près. Elle rit doucement de ses frayeurs d'enfant, boit une gorgée de café. Mais les remontrances, le café et même la chaleur du bain n'arrivent pas à l'apaiser. Elle reste tendue. Elle hésite : sortir du bain ? Elle sort une épaule, puis un sein de l'eau, s'appuie sur le coude, frissonne, replonge précipitamment dans le bain, remet la tête sous l'eau.

Les yeux fermés, elle se laisse dériver dans le doux clapotis. Plus rien que ces gouttes fines qui coulent du robinet et lui parviennent, assourdies. Elle sort la tête, s'ébroue, secoue ses cheveux mouillés. Cette fois, plus de doute : le bruit est là, tout près. Le chat miaule plaintivement, puis bondit vers la porte entre-bâillée. Il se faufile en courant vers la chambre à coucher. La porte de la salle de bain s'ouvre alors complètement. La chaleur de l'eau n'a plus aucun effet apaisant sur elle. Elle voit la silhouette, ses yeux s'agrandissent d'horreur, elle veut crier, hurler, mais une main se pose sur sa bouche, résiste à la morsure, implacable et plus forte, tellement forte…

Dans la chambre, le dormeur a cru entendre un bruit étrange, aigu, qui l'a éveillé brusquement. Un cri ? La porte s'ouvre, le chat bondit sur les draps. Le dormeur sourit, dit au matou qu'il l'a éveillé, le flatte distraitement, puis se retourne sur le ventre, se cale confortablement la tête entre deux oreillers, s'apprête à regagner le monde des rêves. Il entend vaguement, venant de la salle de bain, quelques clapotis, le bruit de l'eau qui frappe les parois de la baignoire. Il a juste le temps de penser qu'elle est encore dans le bain avant de se rendormir paisiblement, enfoui sous les couvertures, le chat ronronnant couché sur son dos. Tranquille, il retrouve bientôt son souffle calme et régulier, sans se douter un instant qu'il finira cette journée dans un poste de police, accusé du meurtre de sa conjointe, avec pour seul alibi le sommeil.

Parution originale dans XYZ *59, automne 1999.*

Auteure de nombreuses nouvelles parues dans *Stop, XYZ, Alibis*… Martine Latulippe est toutefois le plus souvent associée à la littérature jeunesse. En plus de ses vingt-quatre romans pour jeune public, elle a écrit trois suspenses pour adolescents, *À fleur de peau, Le Grand Vertige* et *Les Secrets du manoir*, parus aux éditions Québec Amérique. Elle fait partie de la direction littéraire d'*Alibis*.

MŒBIUS, n° 119

LA PASSION AUJOURD'HUI

Feux

Jean Forest
Catherine Lalonde
Marie-Hélène Montpetit
Claire Varin
Sylvie Locke
Josaphat-Robert Large
Claudine Bertrand
Mona Latif-Ghattas
Nicole Barrière
Antonio D'Alfonso

Braises

François Teyssandier
Robert Giroux
Sylvestre Clancier
Danielle Fournier
José Morel Cinq-Mars

Cendres

Henri Cachau
Iris Baty
Sophie Stern

Lettre à un écrivain vivant
Fulvio Caccia à Milan Kundera

COUPON D'ABONNEMENT

4 NUMÉROS PAR ANNÉE (TAXES INCLUSES)   PRIX AU NUMÉRO : 10 $

Nom : ....

Adresse : ....

.... Tél. : ....

Je m'abonne à partir du numéro : ....

1 an : 30 $ 2 ans : 55 $ (abonnement régulier)
     55 $ 100 $ (institution)

MŒBIUS, 2200 rue Marie-Anne Est, Montréal (Québec) H2H 1N1
Tél. : (514) 597-2335   www.triptyque.qc.ca

Warren Road

PETER SELLERS

Bernard Duchesne

Un des premiers enseignements qu'on retient lorsqu'on fait cette job, c'est que les gens riches sont près de leurs sous. Je me souviens de cette fidèle cliente qui avait pour habitude de commander une petite pizza avec quatre garnitures et rien d'autre. Ni pain à l'ail ni salade ou soda. Elle s'en tirait pour quatre dollars quatre-vingt-cinq, la somme minimale pour bénéficier d'une livraison gratuite. Cette femme habitait dans le bout de Vesta Drive, dans le nord-ouest de Forest Hill, un quartier de belles demeures pour gens fortunés. Pour y aller, selon le trafic, ça pouvait prendre trois quarts d'heure. À mon arrivée, la femme palpait le fond de la boîte pour voir si elle était encore chaude et elle jetait un œil à l'intérieur pour s'assurer que la pizza ne collait pas au couvercle et que la garniture, dans le transport, n'avait pas glissé sur le côté. Puis elle me tendait un billet de cinq et attendait sa monnaie. Chez chaque nanti, à l'exception d'un seul, ça se passait de la même façon.

C'était un jeudi. Tom m'avait demandé d'aller livrer sur Warren Road, une autre rue de Forest Hill. Il était tard, ce qui ne faisait qu'empirer les choses. Si, tôt dans la soirée, le bourgeois est assez près de ses sous, passé minuit, on peut s'attendre à être reçu comme un chien dans un jeu de quilles. Mais cette fois-là, l'homme prit la pizza, la salade et le pain à l'ail, et me tendit un billet de vingt.

Comme je le remerciais, il commença à fermer la porte.

Et votre monnaie ? lui dis-je.

Tu boiras une bière à ma santé, répondit-il.

À l'époque, au Horseshoe, sur Queen West, une bière coûtait soixante-cinq cents, de sorte qu'avec huit dollars soixante-quinze de pourboire, je pouvais m'en offrir quelques-unes. Sur le chemin du retour je ne cessai de m'émerveiller des surprises que réserve la nature humaine.

❖

C'est au cours de l'été de 1978 que j'ai été viré de ma job d'informaticien. Le patron n'appréciait pas certaines de mes activités pendant mon quart de seize heures à minuit. Mes cinq cents dollars de prime de licenciement en poche, je me félicitai de ne pas être resté dans cet emploi qui ne valait pas un clou !

Mon chum Kevin était cuisinier à la Señor Pizza, dont le service de livraison à domicile marchait du feu de Dieu. On recherchait souvent des chauffeurs qui possédaient leur propre véhicule. Je m'y présentai avec ma Chevrolet Vega modèle 1973 (très gourmande en huile) et décrochai la job.

Livrer des pizzas, c'était autrement moins compliqué que la maintenance d'ordinateurs, et plus rémunérateur ! Nous étions payés à la fin de chaque quart de travail et on ne nous retenait aucune taxe. Nous touchions vingt pour cent de commission sur tout ce que nous livrions, à l'exception des sodas et des cigarettes. C'était bien mieux que ce que gagnaient la plupart de mes chums qui travaillaient comme vendeurs au salaire minimum. Les vendredis et samedis soirs, un gars qui en mettait un coup pouvait se faire jusqu'à quatre-vingts, voire quatre-vingt-dix piastres. Les lundis fériés, ça rapportait également bien, grâce à tous ces gens de retour du chalet, trop fatigués ou pas assez motivés pour préparer à souper.

Quand, à la cuisine, quelqu'un commettait une erreur, nous, les livreurs, en héritions. Il ne me fallut pas longtemps pour comprendre que je pouvais demander à Sal, Tony ou Kevin l'espèce d'« erreur » que je désirais et, à condition de partager avec eux, ils me la préparaient.

❖

Avant de se voir retirer son permis pour excès de vitesse, Tom était le livreur le plus ancien de la Señor Pizza.

— Y a cette fille dans le quartier d'Annex, nous dit-il un soir, quand elle vient ouvrir, elle a jamais d'argent. En fait, elle ne porte jamais rien sur elle… Elle paie en nature, ajouta-t-il avec un clin d'œil.

— Tu l'as livrée ? lui demanda Kevin.

— Mets-en, dit Tom, que je l'ai livrée ! reprit-il en secouant la cendre de sa cigarette. Toi aussi, Gino, tu l'as livrée, n'est-ce pas ?

Gino acquiesça.

Tom en rajouta pour faire celui qui fouillait dans ses souvenirs.

— Elle doit habiter sur Huron. Ou sur Howland. À moins que ce soit sur Albany. Ça date maintenant, je ne me souviens pas bien. Et toi, Gino, tu te rappelles où c'est ?

Gino secoua la tête.

On appela de la cuisine pour annoncer que la prochaine commande était prête. Tom alla la chercher.

— C'est à qui le tour ? demanda-t-il.

— À moi, répondis-je.

Il lut l'adresse et dit :

— Tiens ! C'est sur Bedford, c'est là qu'habite la fille dont je parlais. Bedford, ça ne te rappelle rien, Gino ?

Gino hocha la tête alors que Tom me tendait la commande.

— Dis donc, beau ténébreux, cette nuit pourrait bien être ton *jour* de chance.

J'essayai de rester naturel. Pourquoi m'en faire ? Mon *jour* de chance est venu plus tard.

❖

Qu'il y eût vraiment une femme nue quelque part sur Warren Road resta un mystère. Je ne suis jamais allé chez elle livrer de pizza. Kevin non plus, d'ailleurs. Pas plus que personne d'autre à cette époque. En revanche, il m'est arrivé de livrer à des clientes qui se présentaient à la porte en déshabillé et à des hommes avec le peignoir mal attaché à la taille. Certains clients m'ont offert une bière, proposé de tirer sur un joint ou invité à leur party. Une fois, un type est venu ouvrir habillé en fée Clochette, avec collant, ailes dans le dos et sur la tête des antennes qui brillaient. En me voyant, il a poussé un petit cri aigu et fait demi-tour. Il est parti vers le fond du couloir en trottinant. Quelques instants plus tard, un type costumé en Peter Pan est arrivé avec l'argent.

— Excusez mon ami, m'a-t-il dit. Il est un peu timide.

Je lui ai rendu sa monnaie en gardant la tête baissée.

❖

La Pizza Señor appartenait à Midori Takada. Je me suis toujours étonné qu'une Japonaise dotée d'un nom à moitié espagnol gérât un restaurant italien. Ses deux filles la secondaient, mais si Vanessa marchait dans les traces de sa mère et se préparait à lui succéder, Gail rêvait de prendre le large et de voyager.

— Où veux-tu aller ? lui demandai-je.

— N'importe où.

— Et tu pars quand ?

— Dès que j'aurai assez d'argent.

❖

À l'école, les maths, ça n'a jamais été mon fort, mais je suis assez fier de moi d'avoir appris à rendre la monnaie rapidement. Je considérais le montant total, l'arrondissais au dollar supérieur et ensuite ajoutais la différence en pièces. Si on me donnait un billet de vingt pour régler une facture de douze dollars soixante-cinq, j'arrondissais à treize, que je soustrayais de vingt. Ça me donnait sept, et il était facile d'additionner les trente-cinq sous restants. Un soir, me retrouvant avec un dollar en moins, je terminai en ne rendant pas assez à un client.

Sur le chemin du retour vers la pizzeria, je pris conscience de ce que j'avais fait. Pas très fier de moi, lors de ma livraison suivante j'allai réparer ma gaffe. Si le client m'avait été totalement inconnu, je me serais abstenu, mais il passait souvent des commandes et se montrait toujours généreux en pourboires. Je ne voulais pas ternir cette relation, le jeu n'en valant pas la chandelle. Et de plus je voyais les choses à long terme.

Le type fut surpris de me revoir et encore plus étonné quand je lui appris ce qui s'était passé et lui tendis son dollar.

— Gardez-le, dit-il. Vous l'avez bien mérité.

Au volant de ma voiture, alors que je rentrais, je m'en voulus, car ce pigeon ne s'était pas rendu compte qu'on l'avait trompé. Comment pouvait-on être aussi stupide avec l'argent? À cause de lui, j'avais perdu mon temps, ce qui m'avait sûrement coûté un dollar supplémentaire. Quand j'arrivai au restaurant, Tom m'accueillit en disant:

— Alors, gentil fiston à sa maman, on s'est trouvé un ami?

— De quoi tu parles?

— De ce type qui a appelé pour nous féliciter de l'honnêteté de nos livreurs.

Il secoua la tête et ajouta:

— Ta mère peut être fière de toi!

Gail vint vers moi alors que j'attendais qu'à la cuisine on finisse de me préparer une grosse *erreur* aux piments rouges et au chorizo. Gail posa sa main sur mon bras et dit que c'était « réconfortant de savoir qu'il y avait au moins une personne honnête dans ce restaurant ». Trois nuits plus tard, j'obtins ma première livraison pour Warren Road. Fallait-il y voir la marque d'une récompense divine?

❖

Gail avait pour habitude de vous regarder droit dans les yeux quand elle s'adressait à vous. Je pouvais soutenir son regard un moment, mais rapidement je baissais les yeux. Ce n'était pas que je n'aimais pas la regarder, car elle avait un corps superbe et, si elle n'avait pas été la fille de la patronne, je lui aurais bien demandé de sortir avec moi. C'est seulement qu'il était plus facile de la regarder quand elle ne me regardait pas.

Malgré l'activité soutenue des livreurs, le restaurant battait de l'aile. Un an plus tôt, Midori avait entrepris de le déménager. Pendant des années elle avait connu le succès avec une équipe

de livreurs dynamiques et un modeste local d'une capacité de
vingt-quatre convives. Puis elle avait décidé de jouer dans la
cour des grands et acquis un édifice. Dans le passé, la bâtisse
avait abrité de nombreux établissements, allant du *steakhouse* au
restaurant de fruits de mer, en passant par un casse-croûte où les
serveurs faisaient également étalage de leurs talents de chanteur.
Et tous les restaus avaient fait faillite.

38   Midori transforma le rez-de-chaussée en un établissement de
quatre-vingts couverts, qui en mettait plein la vue. Au premier
étage se trouvaient son bureau et une salle de banquets, salle qui
ne fut jamais louée. Mis à part quelques soirs peu après l'inau-
guration, le restaurant ne connut jamais un taux de remplissage
supérieur à cinquante pour cent.

Cependant, l'activité de livraison demeurait florissante et
servait à entretenir cet éléphant blanc que la patronne s'était
offert. Je ne pourrais pas parler au nom des autres livreurs, mais
je savais que je contribuais à éviter à Midori la mise en liquida-
tion judiciaire. Je savais également qu'elle en avait parfaitement
conscience.

Le problème majeur de la Pizza Señor, c'était l'absence de
stationnement jouxtant l'établissement, les places sur la voie
publique étant habituellement occupées. Le soir, la plupart du
temps, je laissais mon auto à la station-service Texaco située de
l'autre côté de la rue, ce qui ne plaisait guère à son propriétaire. Il
me criait dessus, mais ça n'allait jamais plus loin. Après, comme
il fermait à dix-neuf heures, y garer ma voiture ne dérangeait
personne.

❖

Vendredi, en traversant la salle du restaurant pour gagner la
cuisine, j'ai vu qu'un orchestre de mariachis s'installait près de
la vitrine. Les musiciens portaient sombreros, gilets et pantalons
ornés de nombreux conchos étincelants. L'événement marquait
le début de la politique musicale de Midori. Vanessa l'avait
convaincue qu'un band attirerait les clients. Midori avait donc
chargé sa fille d'organiser la chose.

Près de l'entrée de la cuisine, assise à côté du téléphone,
Vanessa passait en revue les commandes de la soirée.

— Apporte-moi un Coke, me commanda-t-elle.

Je m'exécutai. Elle regarda le verre et me le rendit en disant :
— Il y a trop de glace.
Alors que je partais livrer la commande suivante, elle me lança :
— En revenant, prends-moi des cigarettes.
— Mais il y en a en masse près du téléphone ! fis-je remarquer.
— Il n'y a pas ma marque, rétorqua-t-elle comme si je n'étais
pas très dégourdi.

39

❖

Une semaine plus tard, je roulais à vive allure sur Poplar
Plains en direction de Warren Road. Il n'y avait jamais beaucoup
de trafic dans cette rue et on pouvait peser sur la pédale et ne pas
respecter les stops. Cependant, ce soir-là, quelqu'un sortit en
marche arrière de l'allée d'une maison. Je fus contraint de piler.
Ma voiture fit une embardée, je fus projeté vers l'avant et ma
pizza tomba du siège passager.

Je me garai le long du trottoir en sacrant et ramassai la boîte.
En temps normal, je ne me serais guère soucié que la garniture
ait ou non glissé, mais là, c'était différent. Après m'être essuyé
les mains sur mon jean, je remis en place quelques tranches de
pepperoni, de tomate et quelques morceaux de piment. Puis je
vérifiai l'état du sac qui renfermait la salade et le pain à l'ail. Si
l'ouverture était toujours brochée, le côté bâillait et on voyait le
pain enveloppé de papier d'aluminium. En le ramassant, je me
dis que quelque chose clochait. Le paquet aurait dû être chaud et
de forme inégale ; or il ne l'était pas. Au contraire, il offrait un
aspect bien parallélépipédique. Je décidai de l'ouvrir.

J'y trouvai une liasse de billets, que je comptai à la faible
lueur de l'ampoule de la boîte à gants. Il y en avait pour quatre
cent douze dollars. Je recomptai et arrivai au même résultat. Mais
bon Dieu, qu'est-ce que ça voulait dire ? Je ne trouvai aucune
explication mais me dis que le destinataire, qui n'était autre que
le client fort généreux en pourboires, savait que le paquet allait
arriver. Je remis le papier d'aluminium soigneusement en place
et fonçai en direction de Warren Road. Sur le chemin du retour,
je devais prendre les vêtements que Vanessa avait déposés chez
le nettoyeur.

Arrivé à destination, je tendis la commande. En découvrant
l'état du sac, le type s'enquit de ce qui s'était passé. Il avait ce

sourire qu'ont les patrons quand ils vous demandent ce que vous êtes en train de faire alors qu'ils le savent parfaitement.

Je débitai mon explication savamment préparée.

— Ah, ça? J'étais tellement pressé de vous apporter votre commande qu'en partant j'ai tiré un peu sèchement sur le sac et il s'est déchiré. Vous savez... les sacs, c'est plus ce que c'était, ajoutai-je en affichant mon sourire le plus franc.

Le type hocha la tête et me donna un nouveau pourboire. En remontant dans mon auto, j'avais la bouche sèche. En route pour la pizzéria, j'achetai une brocheuse et quelques sacs de papier que je glissai dans ma boîte à gants, avec mes contraventions impayées.

❖

De nombreux clients prenaient congé alors que j'entrais dans le restaurant, les vêtements de Vanessa sur l'épaule. Cette semaine, on avait confié l'animation musicale à de bien curieux jazzmen. Ce qu'ils jouaient ne ressemblait pas vraiment à de la musique et ils n'attiraient pas l'attention des clients jusqu'à ce qu'une femme parte d'un rire chevalin et que le pianiste s'exclame :

— Heille, la jument, tu vas pas la boucler?

J'étais près du téléphone et repensai à cette histoire de billets quand Gail arriva et s'assit sur mes genoux. Tenté de l'enlacer et de l'attirer vers moi, je n'en fis rien.

— Quelque chose te tracasse? me demanda-t-elle en me regardant droit dans les yeux alors que je me sentais rougir comme une pivoine.

— T'es lourde, répondis-je.

— Ah, je vois, fit-elle en se levant et en secouant la tête.

❖

À chacun de mes voyages à Warren Road, je m'arrêtai pour compter l'argent. Le montant n'était jamais le même. Une fois, il y avait cinq cent soixante-dix piastres, une autre trois cent soixante-sept, une autre encore seulement deux cent quatre-vingt-treize, et le plus gros montant s'était élevé à six cent vingt-deux. En peu de temps, la somme totale avait atteint l'équivalent du dépôt minimum pour l'achat d'une modeste maison.

L'idée me titillait que je devais en parler à quelqu'un, que j'en serais peut-être récompensé… mais peut-être pas. De toute façon, à qui aurais-je pu m'en ouvrir? J'ignorais ce que cela camouflait. Peut-être était-ce légal. Et dans le cas contraire, je pouvais me faire prendre pour complicité. Alors je décidai de la boucler.

❖

— Qu'est-ce que c'est que ça? demanda Midori qui, d'une main, frappait une liasse de papiers orange sur le dos de l'autre. Tu peux me dire ce que c'est? ajouta-t-elle en secouant la liasse sous le nez de Gail.

— J'en sais rien, c'est quoi? répondit sa fille.

— Ce sont les dépliants, hurla Midori, nos dépliants! Mais non, que dis-je? Ce sont ceux de… Señor Pisse!

Si la manière dont elle dit cela, avec son accent asiatique, faillit me faire éclater de rire, la colère qui habitait son regard me dit qu'une telle réaction serait néfaste à mon avancement. Midori donna un dépliant à Gail. J'en profitai pour jeter un œil par-dessus son épaule. Grâce à mon excellente vue et à la taille des caractères de la typo (un bon vingt-quatre), je lus « Señor Pizz ».

— On a fait distribuer cinq mille de ces trucs dégueulasses. On va être la risée de tout le quartier, dit Midori en jetant la liasse par terre avant de regagner son bureau comme une furie.

Gail n'y était pour rien. C'était Vanessa qui avait traité avec l'imprimeur et je supposai que c'était elle qui avait signé le bon à tirer, tout comme elle s'était chargée de la distribution. Histoire de remonter le moral à Gail, je lâchai un petit rire et lui demandai:

— Il te manque combien avant de pouvoir partir d'ici?

Elle me regarda comme si je venais de la pincer. Elle ramassa les dépliants et les jeta dans une corbeille à papier. J'en pris quelques-uns… en souvenir.

Les événements prouvèrent que ce n'était pas la peine d'en faire tout un plat, car on ne distribua jamais ces pamphlets. J'en trouvai un tas par terre près d'une benne à ordures. Instinctivement, j'escaladai le côté du conteneur en me disant que ce serait bien le diable qu'on ait distribué de ces dépliants. Entre ceux qui gisaient parmi les détritus et ceux qui jonchaient le terrain vague, il y en avait des milliers. Quelqu'un avait peut-être cessé de les mettre en circulation juste à temps. Cependant, quelques jours plus tard, alors que je jetais un œil sur le courrier en partance, je remarquai une lettre destinée à *Élite Distribution*. En plaçant l'enveloppe (libellée à l'adresse de la maison de Warren Road) face à une ampoule, je vis qu'elle contenait un chèque. Puisque c'était Gail qui s'occupait de les poster après que Midori les avait signés, je reconnus son écriture sur l'enveloppe. Et c'est alors que le puzzle prit corps.

D'une part Gail voulait partir, et d'une autre Tom avait besoin d'argent. D'ailleurs le manège lui ressemblait assez. Si quelqu'un voulait une chaîne stéréo à prix défiant toute concurrence (mais sans garantie), se procurer de l'herbe ou des billets pour un match des Leafs, Tom était LA solution. À organiser et à répartir les livraisons, il ne gagnait que trois dollars de l'heure, beaucoup moins que ce qu'il se faisait lorsqu'il était derrière un volant. Et il devait subvenir aux besoins d'une famille. Gail et Tom avaient monté toute l'arnaque et c'était moi qui leur servais de garçon de course. De cette manière, ni elle ni lui ne touchaient à l'argent en dehors de la pizzeria. L'affaire aurait dû être parfaitement bordée, mais c'était compter sans ma perspicacité.

Le type de Warren Road était peut-être un de leurs chums chargé de garder l'argent contre une part du gâteau. Qu'il soit bookmaker, dealer ou l'un de leurs créanciers importait peu. Ce qui comptait, c'était le pognon !

Ils avaient volé plus de sept mille dollars, sans parler de ce qu'ils avaient détourné avant que je n'évente leur combine. Le temps était venu pour moi d'être plus gourmand. Que pourraient-ils faire ? Prévenir les flics ?

❖

Le lendemain après-midi, après avoir abandonné ma voiture dans un coin à l'écart, je pus discrètement quitter la station Texaco. Mais quand je revins pour aller livrer ma première commande, le patron sortit en vociférant et en brandissant le poing. Je n'avais jamais vu quelqu'un faire ça et jugeai son attitude à la fois comique et dérisoire. À mon retour, je me garai dans la rue, alors que c'était interdit, et laissai mes clignotants. Après dix-neuf heures, je remis mon auto à la station-service.

J'étais trop malin pour entreprendre quelque chose sans réfléchir. Aussi, quand on me renvoya sur Warren Road, je me livrai à une expérience. À mi-chemin de Poplar Plains, je m'arrêtai et ouvris le paquet, qui contenait trois cent quatre-vingt-quatre dollars. J'en pris deux, que je glissai dans mon portefeuille, avant de remballer la liasse en la mettant dans un nouveau sac fermé de nouvelles broches.

Je me dis que deux dollars pouvaient passer pour une erreur de comptage. Si rien n'arrivait, j'étais décidé à tenter autre chose la fois suivante. Il m'était assez facile d'attendre le soir où il y aurait dans les six cents dollars, et de disparaître avec. Simple, mais peut-être un peu trop. L'argent sortant à flux régulier, il serait plus approprié de trouver le moyen d'en prélever un pourcentage, car après tout je n'aurais pas vu d'un mauvais œil la possibilité de quitter mon sous-sol pour un appartement d'un standing plus élevé.

❖

Une semaine plus tard, je me rendis compte que j'étais filé. En temps normal, au volant, je ne prêtais guère attention à ce qui se déroulait derrière moi, à moins de commettre une infraction. Dans ce cas, je jetais un œil dans le rétro pour voir s'il n'y avait pas de flics, mais généralement je regardais droit devant, concentré sur ma destination et le moyen le plus rapide d'y parvenir.

La seule fois où je pris des précautions fut quand je m'arrêtai pour compter l'argent. Ce soir-là, je regardai dans le rétroviseur et aperçus les phares d'un véhicule qui se gara à un demi-pâté de maisons derrière moi. Mon petit doigt me dit qu'il ne s'agissait pas d'une coïncidence. Je redémarrai et, deux rues plus loin, tournai subitement à droite sans prévenir. Les phares me suivirent. Je pris à gauche et mon poursuivant fit la même chose. J'ignorais qui ça pouvait être, mais il était maladroit, ce qui me facilitait la tâche.

Calculant mon coup, je franchis un carrefour à l'instant même où la lumière virait au rouge. Ce n'était pas grand-chose, mais celui qui me filait n'eut pas le courage de passer à son tour. Je parcourus quelques blocs avant de m'arrêter pour compter l'argent.

❖

L'intendance de la cuisine se faisant par-dessus la jambe, ce qui devait arriver arriva : un jour, on fut à court d'olives, ce qui était moins important que de manquer de poivrons verts, d'oignons ou de champignons. Pourtant, quelques jours plus tôt, j'avais entendu Gail passer une commande d'olives au téléphone. Deux soirs plus tard, je trouvai une facture dans la poubelle. On avait bien réceptionné les olives et Vanessa avait signé le reçu. Alors pourquoi Sal venait-il de dire qu'il ne restait pas assez d'olives pour garnir une petite pizza ?

— Quelle idiote ! dit Midori à Gail. C'est avec ce genre de stupidité qu'on fait faillite.

Puis le téléphone sonna. Le client réclamait des olives. C'était la première fois de la soirée qu'on en demandait. Midori fixa Gail du regard et quitta la cuisine.

Gail paraissait si bouleversée que je dus m'éloigner d'elle. J'allai à nouveau regarder dans la poubelle, où il y avait trois grosses boîtes d'olives, dont deux étaient brisées et une autre intacte et encore scellée. Je décidai de jouer un bon tour à Gail.

La jeune femme parut interloquée quand je lui montrai les olives.

— J'ignore si ça suffira pour dépanner, lui dis-je. Je les ai achetées aujourd'hui pour ma tante qui adore faire de l'huile d'olive. Bref, elles étaient dans ma voiture et je me suis dit qu'elles te seraient utiles. Je peux te les vendre au prix que je les ai achetées, ajoutai-je en tendant la boîte.

❖

Une semaine plus tard, alors que j'étais certain de ne pas avoir été suivi, je décidai de faire monter les enchères. Au début, j'avais prévu prélever cinq dollars, mais je me dis qu'une erreur de dix serait plus vraisemblable. Et puis, une coupure de dix, sur un total de quatre cent quarante-deux, ce n'était pas grand-chose.

À la fin de mon quart de travail, quand j'allai toucher mon dû, Tom me demanda :

— Alors, bonne soirée ?

— Pas mal.

Je me livrais toujours à une rapide évaluation mentale de mon travail et de ce qu'on me devait. Ce soir-là, je m'attendais à recevoir soixante-huit dollars et quelques sous.

Tom passa en revue le tas de bons de commande écrits à la main et tapa les montants sur la calculatrice.

— On te doit cinquante-huit dollars et vingt sous, dit-il.

Je dus paraître ahuri parce qu'il demanda :

— Quelque chose qui ne va pas ?

— Je m'attendais à plus.

Tom m'avait appris à lui dire combien j'estimais avoir gagné avant de faire mon total.

— Tu es sûr ? Laisse-moi recompter.

Il arriva à la même somme.

— Je peux voir ? dis-je en tendant la main vers les reçus.

Tom refusa de me les montrer et dit :

— Je te dois cinquante-huit dollars et vingt sous.

Je le regardai en pensant que c'était vraiment trop fort.

— J'ai un rhume, ça doit me perturber le cerveau, lui dis-je.

— Ouais, ça doit être ça, fit-il en comptant les billets.

❖

Sur le chemin du retour d'une de mes premières livraisons, mon pneu arrière droit creva. Il n'éclata pas, mais j'eus de la misère à garder le contrôle de la voiture. Par chance, je n'étais qu'à un pâté de maisons de la station Texaco. J'y entrai en dérapant, m'y garai et ouvris le hayon.

Je dévissai les écrous de la roue, puis assujettis le cric dans le pare-chocs arrière et commençai à monter la voiture. Quand le pneu ne toucha plus terre, je retirai les écrous, plaçai la roue de secours et commençai à revisser. Ma situation ne se prêtait guère à la mauvaise humeur du propriétaire de la station.

Je venais de serrer le dernier écrou et entreprenais de descendre la voiture quand j'entendis le type me crier dessus. Il traversait le stationnement en parlant de flics et de dépanneuse qui remorquerait mon auto.

— Oh, ça va ! lui répondis-je sur le même mode en finissant de descendre la voiture, c'était rien qu'une crevaison.

À trois mètres de moi, il monta sur ses grands chevaux. Il ne me restait plus qu'à bloquer les écrous, alors je lui fis signe de dégager sans penser que je tenais encore la manivelle. Craignant que je la lui lance, il fit un bond en arrière et cracha quelques mots dans une autre langue ; si je ne compris rien à son sabir, je devinai tout de même que c'étaient des jurons.

Je finis de bloquer mes boulons sans le quitter du coin de l'œil. Il me montra son poing fermé, le majeur levé, et s'éloigna.

❖

J'entendis la musique du band avant de franchir la porte. Il s'agissait d'Arson, un groupe punk qu'on aurait mieux vu sur la scène du Turning Point. En passant, je vis le chanteur martyriser un énorme ampli tout en hurlant quelque chose qui parlait d'amour.

Le spectacle était totalement incongru dans un restaurant. Tom ne plaisantait plus avec moi comme il en avait eu l'habitude et cette ingrate de Gail gardait ses distances depuis que je l'avais dépannée avec les olives. Quant à Vanessa, elle jouait les petits chefs en me commandant de faire ci ou ça et d'aller lui chercher ceci ou cela. L'établissement était-il dans une situation plus merdique que je ne le subodorais ? Il devenait urgent de faire quelque chose au sujet de l'argent. Mes relations avec Tom et ma commission me laissaient supposer qu'on ne plaisantait pas avec le pognon. Continuer les prélèvements n'était pas une solution. Cependant, quand j'envisageai d'aller voir Tom et Gail pour leur annoncer le plus simplement du monde que je voulais ma part du gâteau, mon estomac se rebella et je fus à deux doigts de vomir. C'était impossible. Je devais attendre le jour où la somme serait importante et disparaître avec.

❖

Vanessa me remit vingt dollars pour que je lui rapporte deux ou trois bouteilles de vin en rentrant de Warren Road, la cave du Señor Pizza n'étant pas assez bien pour elle.

Je me dis que c'était le soir ou jamais, quelle que soit la somme, et que je sois ou non pris en filature. Je m'étais préparé. Dans la boîte à gants, il y avait un paquet de la grosseur d'une liasse, enveloppé d'aluminium, ainsi que des sacs en papier et une brocheuse. Je mettrais le paquet à la place de celui contenant l'argent et j'empocherais le pourboire, auquel j'ajouterais les vingt dollars de Vanessa pour faire bonne mesure.

Bien qu'il fît sombre dans le coin de la station-service, je remarquai que quelque chose clochait avec ma voiture. Elle me paraissait plus basse qu'à l'habitude. De près, je constatai que les pneus du côté passager étaient à plat. Je posai ma commande sur le toit et contournai l'auto. Les deux autres pneus étaient également à plat. En m'agenouillant pour y regarder de plus près, je constatai qu'on les avait tailladés.

Merde alors! pensai-je. *Qui a pu me faire ça?* Ma roue de secours n'était pas encore réparée et si je ne savais déjà pas où trouver un pneu, où allais-je en trouver quatre à cette heure indue? Dans l'impossibilité d'effectuer ma livraison, je devais rentrer dire à Tom de la confier à quelqu'un d'autre et attendre une nouvelle occasion.

Je me dirigeais vers le restaurant quand deux types approchèrent. Ils allaient sûrement me taper d'une cigarette ou d'une petite pièce. Je changeai de direction. Ils se séparèrent et me bloquèrent la route.

— C'est ton char? me demanda l'un d'eux.

— Ouais, répondis-je tout en cherchant une solution pour m'échapper.

— C'est trop plate pour tes pneus. Une chance que t'aimes bien stationner ici, parce que tu risques d'y rester un bout de temps.

Ils stoppèrent à quelques mètres de moi. Celui qui n'avait encore rien dit prit le carton à pizza.

— Laisse-moi t'aider, dit-il.

J'aurais voulu résister, mais ça ne me sembla pas être la meilleure chose à faire. Je le laissai prendre la boîte.

Avec la paume de la main, son copain me frappa à la tempe alors que je ne m'y attendais pas. Le coup me déstabilisa, mes genoux ployèrent, et c'était arrivé si brusquement qu'au début je ne ressentis aucune douleur. Puis le gars me prit par l'épaule. Croyant que c'était pour m'empêcher de tomber, je marmonnai « merci ». Mais il ne se souciait pas de mon bien-être. Faisant fi de ma gratitude, il me frappa à l'estomac. Je me pliai en deux, le souffle coupé. De ses poings fermés, il me cogna alors entre les omoplates. Je tombai à genoux, j'avais mon compte. J'ai peut-être levé les bras ou tenté de me défendre mollement. Si je l'ai fait, je n'en garde aucun souvenir.

Mon agresseur s'agenouilla pour me dire :

— Si tu stationnes encore ton char ici, je t'écrase le pied droit, celui qui te sert à conduire, à coups de brique. T'as bien compris?

Celui qui tenait la pizza humait l'air au-dessus de la boîte comme un chien renifle une borne-fontaine.

47

— Dis donc, Bobby, a-t-il fait, t'as pas faim?

Bobby me jeta un regard noir et demanda:

— Elle est à quoi, ta pizza, Jay?

— Tomates, piments verts, pepperoni… à moins que ce soit du salami.

J'entendis qu'on mâchait et puis Jay dit:

— C'est du salami.

— Y a quelque chose à boire?

Jay posa la boîte et déchira le sac.

— Non, rien. Mais on dirait qu'il y a une salade ou je sais pas quoi.

Il jeta la barquette de salade, qui vola un instant comme un frisbee avant de s'ouvrir en s'écrasant par terre. Jay déplia à ce moment l'emballage d'aluminium.

— Tabarnak! s'exclama-t-il.

— Qu'est-ce qu'il y a? s'enquit Bobby, qui plissait les yeux pour mieux voir ce que tenait son chum.

— Du pognon. Quelques centaines de piasses.

Bobby se releva et s'approcha de moi.

— C'est à toi? me demanda-t-il en me montrant l'argent.

Je fis non de la tête.

— De toute façon, maintenant, c'est à moi, dit-il. Et je crois que celui à qui c'était va être joliment en maudit. Allez, salut!

Jay prit deux pointes de pizza, qu'il commença à manger alors qu'il s'éloignait en compagnie de son compère.

Je m'adossai à la voiture pour essayer de reprendre mon souffle, tout en cherchant quel bobard crédible j'allais bien pouvoir raconter à Tom.

Traduction de l'anglais: Luc Baranger
Parution originale: « Warren Road »,
in Alfred Hitchcock Mystery Magazine, *octobre 2005.*

Les Habitués du Backroom

PETER SELLERS

Bernard Duchesne

près la fermeture du Backroom, sur le coup d'une heure et
demie du matin, Kevin nous apportait de la bière en fût
dans des tasses à café. Il n'y avait jamais de descentes de
flics, de sorte que nous aurions pu boire goulûment au goulot,
mais Kevin, qui avait reçu de l'éducation, aimait faire des pieds
de nez à la loi avec tact.

Le Backroom, un club où jouaient des groupes, était situé à
l'arrière d'un restau miteux qui servait des côtes levées et des
hamburgers, juste en face du Conservatoire royal de musique. À
l'époque, je travaillais dans une librairie, au coin de Yonge et de
St. Clair, et je buvais plus que de raison. Pour ce faire, le Backroom
était une place qui en valait bien d'autres, surtout pour rencontrer
des filles. En règle générale, les groupes valaient le déplacement
et de temps à autre Kevin me donnait à manger gratis.

Il arrivait qu'après la fermeture les musiciens décident de
rester, pour répéter de nouvelles chansons et évoquer leur vie en

tournée. Chaque fois qu'ils parlaient de toutes ces filles qu'ils rencontraient, je regrettais de ne pas savoir jouer d'un instrument. Malheureusement, je chantais affreusement faux. En secondaire quatre, quand faire partie de la chorale était obligatoire, le prof m'avait pris à part pour me demander de mimer les paroles.

Les musiciens parlaient des places où ils jouaient, de ces soirées organisées par les yacht clubs et de ces bars du nord de l'Ontario où la scène était séparée de la salle par un écran de grillage à poule pour éviter que les verres et les bouteilles que jetait le public ne blessent les artistes. L'un d'eux, qui chantait la paix et l'amour, obtint un contrat dans un tel endroit à la suite d'un concours malheureux. Quand les bouteilles ne l'atteignaient pas, les gens du cru appuyaient leur face contre le grillage et lui crachaient dessus.

— Merci, répétait-il après chaque chanson huée par le public. Je suis vraiment content que ça vous ait plu. En voilà une autre que vous allez peut-être aimer.

Kevin s'occupait du Backroom depuis le printemps dernier. Il avait franchi le pas à la suite d'un heureux hasard. De serveur, il était devenu manager. Autrefois, sa blonde était sortie avec le pianiste d'un groupe qui se produisait dans les bars des environs. Jerry Spoon & the Tectonic Plates jouaient trois soirs par semaine à l'hôtel Victoria, un bar à bière en piteux état au coin de Queen et de Soho. Les clients avaient pour habitude de s'enivrer autour d'une table ronde placée devant la scène. Le reste de l'assistance était composé de braillards généralement soûls. Quant au patron, un ancien arrière de la ligue de football, il se maintenait en forme en virant les chahuteurs. Jerry et son groupe souhaitant jouer dans une meilleure place, Kevin avait saisi l'occasion.

Le Backroom consacrait quatre cents dollars par semaine aux cachets des groupes. Pour un type qui s'accompagnait lui-même à la guitare, c'était intéressant, mais pour un band de cinq musiciens, ça devenait pitoyable, même en 1977. Cependant, Jerry et ses gars étaient tellement pressés de quitter le Victoria qu'ils acceptèrent la proposition du Backroom sans trop rechigner. En principe, du mardi au samedi, les groupes effectuaient quatre passages par soir entre neuf heures et une heure du matin. Les Plates, eux, ne jouaient pas le mardi et avaient nourriture et bière à volonté. En plus des quatre cents dollars, l'avantage était à prendre en considération, mais Kevin pensait que ça les valait.

Dès le premier mercredi soir, le Backroom, dont l'entrée était gratuite et le prix de la bière raisonnable, ne désemplit pas. Spoon & the Plates drainaient les étudiants des résidences universitaires de l'Université de Toronto ainsi que des Frat Houses du quartier d'Annex. La proximité de la boîte permettait au consommateur ayant forcé sur la bouteille de rentrer chez lui sans encombre.

Cette semaine-là, les propriétaires battirent leur record de profit hebdomadaire. Ils remercièrent Kevin tout en l'incitant à mettre les bouchées doubles.

Il proposa donc aux Plates de rester une quinzaine supplémentaire. Au cours de la semaine écoulée, Jerry était devenu plus âpre en affaires. Le groupe accepta l'offre, mais à huit cents dollars la semaine.

Le succès des Plates attira l'attention sur le Backroom qui reçut des appels de musiciens en mal de contrats. Kevin n'était pas en peine pour signer qui il voulait. Capable de faire affaire avec les plus grands noms de la scène folk canadienne, on vit Jackie Washington jouer sur la scène du Backroom, tout comme David Wilcox, Willie P. Burnett ou ce petit génie de la guitare, tout juste âgé de quatorze ans, qu'on dut faire entrer en douce par la porte en arrière, et qui fit salle comble uniquement grâce au bouche à oreille.

Kevin faisait venir de singuliers interprètes du Conservatoire, comme ce malicieux luthiste du nom de Geordie, quelques remarquables violonistes et, de temps à autre, de talentueux guitaristes classiques. Mais aucun d'eux n'arrivait à la cheville des musiciens de folk ou de blues et ils ne drainaient pas de cohortes d'admirateurs réguliers et gros buveurs.

Et si un artiste avait des fans, c'était bien Tom Lieberman.

Ancien leader d'un groupe de rock légendaire qui avait failli connaître la gloire, il était excellent guitariste, doté d'une puissante voix, très originale, et il composait des chansons trop excentriques pour espérer passer sur les radios AM. Cependant, le groupe avait beaucoup joué dans les clubs de la région et même été un certain temps le band attitré d'une boîte à strip-tease (au bon vieux temps des G-strings) et officiait comme maître de cérémonie entre les passages des effeuilleuses.

Quand les membres du groupe se séparèrent, Tom prit une guitare acoustique et réinventa sa carrière en se produisant dans des cafés ou des clubs de musique folk. À l'instar des Plates, il avait sa cohorte de fans attitrés qui le suivaient partout. Comme il rentrait après une absence de huit mois passés à Vancouver, Kevin se dit que les gens qui ne l'avaient pas entendu depuis longtemps sauteraient sur l'occasion.

Mais c'est Tom qui avait surpris Kevin en l'appelant le premier.

— C'est Lieberman.

— Hon-hon, avait répondu Kevin de manière très professionnelle.

— Je veux passer dans ta boîte. On m'a dit que tu payais quatre cents dollars. Ça me va. La semaine prochaine me conviendrait parfaitement.

Mais Kevin avait déjà programmé un duo de femmes et j'avais un faible pour celle qui jouait du tambourin.

— C'est que j'ai déjà une attraction de prévue, répondit Kevin en bon copain.

— Je suis certain que tu sauras te montrer très diplomate, avait répliqué Tom.

Kevin recula d'une semaine la programmation du duo auquel il proposa d'autres contrats un peu plus tard. Quand il rappela Tom pour lui confirmer que c'était arrangé, ce dernier lui dit :

— À la bonne heure ! avant d'ajouter : Je vais avoir besoin d'une avance.

Kevin accepta, convaincu que mettre Tom à l'affiche allait se montrer payant. Quant à moi, la perspective de voir la joueuse de tambourin une semaine supplémentaire me combla d'aise. Kevin était vraiment un bon copain.

❖

À l'évidence, Tom ne voulait plus chanter. Son contrat stipulant qu'il devait effectuer quatre passages d'au moins trente minutes, il calculait chacun d'eux à la seconde près. On le vit consulter sa montre en plein milieu d'une chanson pour s'assurer qu'il n'avait pas déjà consommé le temps qui lui était imparti.

— Je crois que vous avez assez entendu de cette merveilleuse chanson, disait-il avant de quitter la scène.

Derrière le restaurant, séparés l'un de l'autre par une modeste clôture de bois, il y avait deux stationnements, un petit réservé aux employés et un grand destiné aux clients. Certains soirs, quand le temps s'y prêtait, c'était là qu'on retrouvait Tom, soit en train de discuter, soit en train d'écrire s'il était seul.

Au cours de son séjour dans l'Ouest, il avait publié *L'Amant*, un recueil de délicieux poèmes. Gerald Haney, du *Toronto Star*, avait dit de ce livre qu'il renfermait de « lumineuses poésies sur la luxure et le désir ». L'engouement avait été identique dans le *Globe & Mail* et *Now* avait osé écrire qu'il s'agissait « d'un remarquable travail de profonde introspection, à classer entre Leonard Cohen et Gwendolyn McEwen ».

Même si en vivre était impossible, dès que l'occasion se présentait, Tom déclamait des extraits de son recueil dont il vendait des exemplaires sur scène. Sa seule autre corde à son arc étant la musique, il jouait le plus rarement possible et Kevin était l'une des rares personnes qui l'employât à ses conditions.

Un soir, une femme vint s'asseoir à une table dans le coin le plus éloigné du bar. Si Tom, occupé à accorder sa guitare, ne la remarqua pas, ce ne fut pas mon cas. Même dans la lumière tamisée du coin de la pièce, je voyais que cette femme était jolie.

— Je peux ? lui demandai-je en allant à sa table alors qu'elle dévorait Tom du regard.

— Je suis avec le groupe, répondit-elle.

Je crus qu'elle plaisantait, car les amis des musiciens prenaient place près de la scène, et Tom, en vrai professionnel, n'avait jamais de copines ou de groupies.

Assis sur son tabouret, il s'égosillait, avec une pinte de Old Vienna à ses pieds. À la façon dont la femme le mangeait des yeux, je me dis que mes chances de lui plaire étaient maigres. Je m'éclipsai sans qu'elle ne le remarque.

Après le spectacle, je sortis dans la cour en arrière et dis à Tom que quelqu'un voulait le voir.

— Mais ici, tout le monde veut me voir, fit-il.

— À mon avis, elle n'est pas comme tout le monde, précisai-je en décrivant la femme.

— Où est-elle assise ?

Alors que je le lui expliquais, il sortit une cigarette de son paquet et l'alluma. Je regardai ma montre. Il était l'heure pour Tom de remonter sur scène. S'il se montrait scrupuleux pour finir juste à l'heure, il l'était tout autant pour ne pas commencer en retard.

— Tu rentres ? lui demandai-je.

— J'arrive.

Il monta sur scène dix minutes plus tard. Son passage suivant, essentiellement composé de tendres ballades, fut tout en retenue. S'il regarda constamment dans le coin le plus éloigné de la salle, il ne vit pas grand-chose. C'est tout juste s'il aurait pu dire qu'il y avait quelqu'un. De toute façon il n'y avait rien à voir car, lorsque j'étais revenu du stationnement, la femme était déjà partie.

❖

54

    Lors de ses deux premiers soirs au Backroom, Tom lut des poèmes sur scène.

    — Mais où est-ce que ce salopard a vu qu'ici c'était un salon littéraire ? s'étonna l'un des propriétaires auprès de Kevin. Va lui dire de mettre ses mièvreries en veilleuse et de chanter.

    Bizarrement, Tom s'exécuta. Puis Kevin trouva un compromis. Puisque certains artistes vendaient les cassettes qu'ils fabriquaient eux-mêmes, pourquoi Tom ne pourrait-il pas vendre son recueil de poésie ? Soir après soir, il écornait chacun de ses brefs passages sur scène de quelques minutes pour lancer :

    — J'ai des exemplaires que je vends au modeste prix de deux dollars cinquante. Vous vous demandez si ça les vaut, n'est-ce pas ? Mais bien sûr que ça les vaut, car dans ce livre, véritable source d'inspiration, vous trouverez des mots comme succulent, évanescent, languissant et voluptueux. En fait, mes amis, lire ce bouquin à voix haute revient à acheter un ticket gagnant pour une bonne partie de jambes en l'air. Si ça ne fonctionne pas, alors rien ne marchera, à moins que vous ne proposiez de l'argent. C'est ce qui explique que ce soir je ne suis pas autorisé à déclamer des extraits de mon livre, les propriétaires du Backroom étant persuadés que ça va tourner à l'orgie et qu'on va avoir droit à une descente de la brigade des mœurs.

    Il continuait ainsi sur sa lancée pendant cinq ou six minutes, avant de chanter une nouvelle chanson. À chaque intervention, il vendait un ou deux exemplaires de son livre.

❖

    Après le départ de Tom, le duo de femmes fut à nouveau à l'affiche. J'attendais les deux prochaines semaines avec impatience pour revoir Pat jouer de son tambourin. Elle avait de longs cheveux noirs et portait des jupes qu'elle confectionnait elle-même, dans des tissus aux couleurs chatoyantes, et qui la couvraient jusqu'aux chevilles. Elle chantait en secouant la tête, faisant cliqueter ses boucles d'oreille au rythme de la musique, ce qui me laissait pantois. Lors de leur deuxième soir, j'avais bu assez de bière pour être décontracté mais beaucoup trop pour rester prudent. Je demandai à Pat si elle voulait bien sortir avec moi et essuyai un refus.

Quand je racontai à Kevin à quel point ma tentative avait échoué, il me dit :

— Tu as vu ces jupes qu'elle porte ? Je te parie que quelque chose cloche avec ses jambes.

Les dix jours qui suivirent, on me vit peu au Backroom, car je n'y étais pas le bienvenu.

55

❖

En dehors de la scène, Tom était sympathique. Entre ses passages, il parlait de politique, de littérature et du nombre croissant de béotiens.

À cette époque, j'ambitionnais aussi de devenir écrivain, mais pas poète, un domaine, je l'avais compris, peu rémunérateur. Mon but était de devenir romancier. Tom était l'unique auteur publié que je connaissais. Il me semblait donc tout indiqué de discuter avec lui. Parvenant à aiguiser sa curiosité, je finis par le décider à s'intéresser à l'un de mes manuscrits.

— J'y jetterai un œil et griffonnerai quelques remarques, dit-il.

— Je te l'apporterai demain.

Mon jeune âge, et les inquiétudes qui y étaient liées, me poussaient à savoir s'il le lirait rapidement, mais je n'osai pas et préférai gagner ses faveurs en lui demandant de me réciter l'un de ses poèmes.

— Tu aimes quel style de poésie ? me demanda-t-il.

En classe, les profs avaient lu *Le Vieux Loup de Mer*, ainsi que *Prufrock* et *Ma Dernière Duchesse* de Robert Browning. Chacun m'ayant semblé passionnant et ne sachant quoi répondre, je dis tout de même :

— Tous les styles.

— C'est pas une réponse.

— Mais je ne sais pas quoi te dire.

— C'est plate. Tu sais très bien ce que tu aimes, mais tu n'as pas le cran de le dire. Ce qu'il faut, c'est avoir une opinion bien définie, et être assez costaud pour ne pas en déroger. Tiens, voilà un poème pour toi.

Il tira longuement sur sa cigarette avant de la jeter d'une pichenette dans l'obscurité. Il prit une inspiration et se lança.

— Si d'un crayon à mine tendre je dessinais le chemin qui relie tes taches de rousseur / De l'une à l'autre et à l'autre encore / Comme les points numérotés d'un puzzle de magazine pour enfant / Alors apparaîtrait non pas l'image d'un oiseau en vol ou celle du zéphyr dans un arbre soufflant / Mais un secret bien plus important / Le dessin du cœur de tes sentiments.

Puis on entendit des applaudissements, saccadés et sarcastiques, en provenance de l'obscurité du stationnement. La femme que j'avais vue à la table du coin s'approcha de nous.

— Impressionnant, dit-elle.

— Salut, Debbie, fit Tom.

— C'était superbe, Tom, tu sais ?

Elle passa près de nous. C'est lorsqu'elle ouvrit la porte et que sa silhouette se découpa dans la lumière que je me dis à nouveau combien elle était belle.

❖

J'étais tellement habitué au minutage précis des passages de Tom sur scène que, le soir suivant, je m'aperçus instantanément que quelque chose clochait. À neuf heures trente-cinq, il jouait encore. Tout comme à dix heures. Parlant à peine, il joua toute la nuit, reprenant parfois la même chanson à deux ou trois reprises. Et sans jamais faire allusion à son recueil de poésie.

Debbie était à sa place habituelle. Elle consulta sa montre chaque fois que Tom regarda la sienne.

— À quelle heure fait-il une pause ? me demanda-t-elle.

— J'en sais rien. Ne viole-t-il pas les termes de son contrat s'il n'en fait pas ?

C'était très bizarre, car la plupart du temps Tom jouait si peu qu'il devait quelques chansons supplémentaires au patron du Backroom.

— Il faut que je parle au manager, dit Debbie.

Je prévins Kevin qui secoua la tête en disant qu'il était occupé.

Vers onze heures, Debbie s'éclipsa. Quand je sortis, à minuit passé, je la vis sur le trottoir d'en face, à demi cachée par un lampadaire, le regard rivé sur la porte principale de la boîte.

❖

Tom écrivit « Un jour, tu comprendras » sur l'exemplaire de son recueil de poésie que je lui achetai. C'était mon tout premier livre dédicacé. Si ce n'était ni chaleureux ni amical, cela n'avait au moins rien à voir avec ces phrases stupides que vous griffonnent les écrivains rencontrés pendant dix secondes lors des séances de signatures. J'ai conservé ce bouquin. À force de l'ouvrir au hasard pour lire un ou deux poèmes, la reliure est devenue toute lâche.

Un groupe de filles sirotaient tranquillement leur bière en plaisantant. Je les avais déjà vues au Backroom et l'une d'elles m'avait souri. Elle avait tout de l'amatrice de poésie et j'avais très envie de vérifier la véracité de ce qu'avait dit ce tombeur de Tom. Je choisis ce qui me parut être le poème idéal, pris ma bière et allai à la table des filles.

— Salut, leur dis-je.

Elles semblèrent surprises de mon arrivée inopinée. Nul doute qu'une intense anticipation flottait dans l'air. Cependant, étant la cible de leurs regards, je me sentis profondément ridicule. Je me mis donc à déclamer :

— En silence / Assis derrière mon microphone / Je te regarde espérer le retour de ton homme / S'il ne vient pas / Et si Dieu existe vraiment / Ai-je une chance que tes yeux se tournent vers moi ?

Je jetai un regard rêveur à la fille, espérant qu'elle comprendrait où je voulais en venir. Mais au lieu de cela, elle et ses amies éclatèrent de rire et se mirent à applaudir. Dans la salle, les curieux se retournèrent. Puis, celle qui m'intéressait me tendit la main. J'étais excité. Le poème de Tom avait fait son effet. Je tendis la main à mon tour, mais au lieu de me la serrer, la fille y déposa une pièce de vingt-cinq sous.

❖

Un soir de la mi-septembre, j'étais dehors à songer à mes études. Je venais juste de démarrer ma quatrième année à l'université et me demandais si continuer était judicieux. Je passais mon temps à taper sur mon Underwood portative et mon deuxième roman avançait bien au rythme de dix feuillets par jour. Une fois que Tom m'aurait fait le compte rendu de mon roman, à quoi bon aller à l'école?

Une voiture stoppa dans le stationnement réservé au public, de l'autre côté de la clôture. J'eus le sentiment d'être un lapin pris dans les faisceaux des phares d'une voiture. Quand le conducteur passa en pleins phares, je levai la main pour me protéger les yeux. En sacrant, j'allai vers le véhicule.

Il s'agissait d'une décapotable, une Parisienne de 1968, avec un énorme V8 sous l'impressionnant capot. Quant au coffre, il aurait sans problème contenu l'intégralité de votre mobilier de salon. Debbie était au volant.

— À quoi joues-tu? lui demandai-je en clignant des yeux.

— Je cherche Tom.

— Il n'est pas ici. Ni cette semaine ni la semaine prochaine.

Mais je ne crois pas qu'elle m'entendit. Elle restait le regard braqué sur le halo de lumière.

❖

Un samedi, Tom me demanda de le raccompagner. Il voulait déménager chez lui deux caisses de livres qu'il gardait dans un placard du Backroom.

— Il se pourrait que je m'absente à nouveau, expliqua-t-il.

— Tu vas retourner dans l'Ouest?

— Peut-être à Terre-Neuve ou au Yukon. Je n'y suis jamais allé et ce sont des pays fantastiques pour un poète.

Tom habitait sur Jarvis Street, au premier étage d'une de ces vieilles demeures. Autrefois résidences de la petite noblesse locale, ces imposantes maisons avaient été reconverties en restaurants ou en meublés. Je me garai devant chez Tom. Pendant qu'il prenait guitare, trousse à harmonicas, bongos et ampli miniature sur la banquette arrière, j'ouvris le coffre pour décharger les livres.

Malgré la minceur des ouvrages, les deux caisses pesaient leur poids. Je les posai sur le pare-chocs arrière et les calai avec ma jambe pendant que je refermais le coffre. Puis je repris les caisses et me dirigeai vers la maison de Tom. Arrivé devant sa porte, il avait posé sa guitare et son ampli. Il s'entretenait avec Debbie qui se tenait à l'écart de la lumière du porche.

— Tu m'as manqué, Tom, lui dit-elle.

— C'est que tu dois travailler ton objectif, dit-il sans une once d'humour.

Il ouvrit les bras, sans lâcher les bongos et les harmonicas et ajouta :

— Et je fais une belle cible.

— Je n'ai pas le cœur à rigoler, Tom. Tu ne crois pas que tu en as assez fait comme ça ?

— Écoute-moi bien, Debbie. Quoi que tu penses que j'aie pu faire, c'était il y a longtemps. Alors reprenons les choses en considérant qui nous sommes et où nous allons, dit-il d'une voix douce, comme s'il s'adressait à un enfant ou à un candidat au suicide.

— Tu parles, tu parles, mais tu n'agis pas ! répondit-elle. C'est quoi, ça ? fit-elle en désignant les caisses que je transportais, et qui me paraissaient de plus en plus lourdes.

— Les livres de Tom, répondis-je sans me rendre compte qu'il s'agissait d'une question pour la forme.

— Tu vois, Tom, dit-elle, tu me promènes avec toi. Tu sais parfaitement que tu as envie de moi, c'est ce qui explique que tu t'es tant servi de moi.

Je faillis faire remarquer que pour le moment c'était surtout moi qui la « promenais ».

— Essaie de comprendre que je suis un poète, lui répondit Tom. J'utilise des événements de ma vie. Cela n'a rien de personnel. Je l'ai fait avec mes parents, mes amis et d'autres filles qui furent mes maîtresses.

— Faut-il donc considérer que, du moment que c'est répétitif, c'est une bonne chose que de piller les émotions des autres ? Non, Tom. Tu as envie de moi. Tu ne peux pas te passer de moi. Tu auras beau essayer, tu ne pourras pas m'oublier.

Elle s'avança. C'est là, dans la lumière, que je remarquai ses taches de rousseur.

— Pour quelle autre raison serais-tu rentré de Vancouver ? ajouta-t-elle.

Tom recula d'un pas et secoua la tête.

— Écoute-moi bien, Debbie, répéta-t-il sans rien dire de plus.

Elle fit un nouveau pas vers lui. Cette fois, Tom campa sur ses positions.

— Tu es revenu pour moi, dit-elle.

— C'est faux. Et je n'ai pas envie de toi. Laisse-moi, je t'en prie !

Chez Debbie, la stupéfaction laissa la place à la colère. C'était passionnant, mais j'aurais aimé qu'ils cessent de parler pour entrer et poser mes caisses, car mes bras tremblaient sous l'effort.

— Tu ne crois pas un mot de ce que tu racontes. Si c'était le cas, ça signifierait que tu m'as trahie, que tu as violé mes souvenirs, dit-elle en montrant les caisses.

Puis son bras décrivit un arc de cercle et sa main s'abattit avec une violence incroyable sur le dessus de mon fardeau. Malgré mes efforts pour les retenir, les caisses tombèrent et s'éventrèrent en touchant terre.

Soulagé, je faillis remercier Debbie qui ramassa un livre pour en gifler Tom sans ménagement. Puis elle s'en alla, emportant l'ouvrage.

Je rassemblai les livres et Tom remit de l'ordre dans sa tenue.

— Je suis désolé pour elle, dit-il. Ces derniers temps, elle n'a pas eu la vie facile.

Chez lui, je déposai les caisses sur la table près de la fenêtre. Il y avait un trou dans une vitre, qu'on avait bouché avec du tape transparent que le soleil n'avait pas encore jauni. Le trou était bien rond, avec des fêlures en étoile, comme ceux que faisaient nos balles quand, enfants, elles nous échappaient.

❖

Pendant deux mois, Tom évita le Backroom. L'activité du club demeura stable malgré la médiocrité des artistes. Il y avait notamment ce type qui posait un magnétophone Panasonic sur une chaise et pesait sur le bouton PLAY. L'engin débitait alors des chansons populaires avec un bruit de crécelle. Dans l'indifférence quasi générale, le gars, avec un air empoté, les mains dans les poches, chantait sur la musique.

On connut des temps meilleurs avec Ron Nigrini, qui passa au moment où *I'm Easy* connaissait le succès. Kevin rappela quelques fois Spoon & the Plates. Il innova en programmant une chanteuse de blues et un trio de rockabilly pour lequel tout se passa bien jusqu'au jeudi soir, quand le bassiste, fin soûl, ne tenait plus debout. Il resta allongé dans le fond de la scène à cajoler son instrument tout en pinçant les cordes de façon incohérente. Le lendemain soir, la foule vint nombreuse pour voir si le phénomène réitérerait sa performance.

Debbie ne revint pas, quel que soit l'artiste. Puis Kevin reçut un appel de Tom, qui lui apprit qu'il était disponible. Quand il remonta sur scène, Debbie était là.

❖

— Tu pourrais porter cet argent à Tom ? me demanda Kevin. Ça me rendrait service.

— Mais pourquoi ne vient-il pas lui-même le chercher ?

L'idée ne me séduisait guère. Mon auto était à la révision et le quartier où habitait Tom était mal desservi par les transports en commun.

— J'en sais rien.

— Ça ne peut pas attendre ?

— Ça serait l'occasion pour toi de lui demander ce qu'il pense de ton bouquin, dit Kevin qui me connaissait bien.

Alors que j'arrivais chez Tom, la camionnette d'une quincaillerie s'y arrêtait. Peut-être venait-on réparer la serrure de la porte d'entrée qui ne fermait plus.

La cage d'escalier avait encore de beaux restes. On avait remplacé les barreaux minutieusement sculptés qui manquaient par des tasseaux de deux par deux. Malgré cela, cet immeuble où habitait Tom était en bien meilleur état que certains autres du quartier. Décorés d'abondantes moulures, le plafond et les coins, en dépit d'une multitude de craquelures, faisaient encore de l'effet. Les portes ne pouvaient être qu'en chêne. Le temps les avait patinées. Mes doigts glissèrent sur le bois jusqu'à ce que j'arrive chez Tom.

Là, quelqu'un avait gravé « Voleur d'âmes » dans la surface lisse. Les lettres étaient grandes, irrégulières et si profondes qu'il avait fallu beaucoup de force et une lame très pointue pour réaliser le travail.

À regret, je frappai bruyamment d'un seul doigt à la porte.

— Qu'est-ce que c'est ? fit la voix de Tom.

Elle était si faible qu'un instant je crus m'être trompé d'appartement.

— Tom ? osai-je d'un ton aussi hésitant que le sien.

— Qu'est-ce que tu veux ?

— C'est moi. Kevin m'envoie t'apporter ton argent.

La porte s'entrouvrit. Tom jeta un œil, puis il ouvrit davantage et tendit la main.

Je lui remis l'argent et demandai :

— C'est quoi ce truc-là ?

— Une lettre d'admiratrice.

— Tu la connais ?

Il acquiesça tout en comptant les billets.

— C'est qui ?

Ma question resta sans réponse. Alors je demandai :

— C'est arrivé quand ?

— Ce matin, dit-il en commençant à refermer la porte meurtrie.

— Ça n'a pas dû se faire en cinq minutes ?

— Ç'a pris exactement une heure et neuf minutes, répondit-il.

❖

— C'est la dernière fois que Tom chante, m'apprit Kevin le lendemain soir.

J'en restai stupéfait. Tom venait d'entamer son second set et tout paraissait se passer normalement. Bien sûr, par certains côtés, il lui arrivait d'être chiant comme pas deux, mais les gens venaient tout de même le voir et consommaient. Je me demandai la raison de son éviction si soudaine.

— Tu ne veux pas le laisser finir la semaine ? demandai-je à Kevin.

— L'idée n'est pas de moi, dit-il. Il allait mettre les voiles mais m'a tout de même averti. Il m'a demandé de n'en parler à personne. Alors mets ton mouchoir par-dessus.

❖

J'étais dehors quand Debbie arriva. La lumière de ses phares m'enveloppa mais elle les coupa aussitôt.

— Tom est là ? demanda-t-elle.

— Plus pour longtemps.

La nouvelle que m'avait apprise Kevin m'avait attristé et rendu fébrile.

— Comment ça « plus pour longtemps » ? demanda Debbie.

— Il s'en va.

Je n'avais pas voulu en parler et aujourd'hui encore je ne suis pas persuadé de l'avoir fait. Si je l'ai dit, ce fut dans un murmure, comme lorsqu'on se parle à soi-même et qu'on a du mal à comprendre ce qu'on vient d'entendre.

Debbie me fixa du regard, la tête penchée.

— Il s'en va… répéta-t-elle dans un murmure identique.

❖

Après son troisième passage je demandai à Tom s'il avait pu jeter un œil à mon manuscrit.

Il claqua des doigts. C'était là un geste qu'il faisait avec autorité.

— Oh! merde, j'ai un truc à te donner.

Il ouvrit son étui de guitare pour y prendre une liasse de papiers retenus par des élastiques.

— Je suis désolé, mais j'ai renversé du café dessus, dit-il, et il y a des taches de confiture vers la page 170, 180. Tu tiens quelque chose avec ce roman. Tu trouveras des remarques ici et là. Parlons-en après le spectacle, dit-il en s'éloignant vers la porte en arrière.

Je pris le manuscrit et allai vers la table la mieux éclairée. Bizarrement, les remarques de Tom allaient droit au but, tantôt encourageantes, tantôt critiques. Elles soulignaient les redondances, les métaphores maladroites et les longueurs. Ses appréciations sur les faiblesses de l'intrigue et les scènes trop convenues étaient appropriées et claires. Chaque argument était étayé et, bien que je ne sois pas d'accord avec tout, je savais que si je suivais ses conseils, l'amélioration serait notoire. J'étais tellement absorbé que je ne m'aperçus pas du retard de Tom à son quatrième set.

Il commençait toujours à minuit tapant. À minuit dix, je partis à sa recherche. La Parisienne de Debbie était toujours là, garée à sa place habituelle, contre la clôture. Debbie était appuyée contre son auto. Elle fumait et respirait bruyamment. Les cigarettes lui faisaient payer leur tribut. Excellent, me dis-je.

— Tu as vu Tom? lui demandai-je.

— Pourquoi?

— Je voulais le remercier.

— Je lui ferai la commission… quand je le verrai.

À l'intérieur du Backroom, la guitare de Tom trônait toujours sur la scène. Je savais qu'il ne s'agissait pas d'un oubli. Je ressortis. Il n'était toujours pas là et la voiture de Debbie avait disparu.

Allez savoir, Tom avait peut-être renoncé à la chanson pour de bon. Même si cela ne lui ressemblait pas. Je pris la guitare pour l'emmener chez moi, certain qu'un jour il reviendrait et voudrait la récupérer. C'était bien le moins que je puisse faire.

Traduction de l'anglais : Luc Baranger
Parution originale : "Backroom Boys",
in Ellery Queen Mystery Magazine, *juin 2006.*

Peter Sellers est né en 1956 à Toronto. Nouvelliste de talent, ses textes ont paru dans les plus prestigieuses revues anglo-saxonnes. Mais Sellers est aussi un anthologiste de renom (il a plus d'une douzaine de collectifs et d'anthologies à son actif) qui a reçu en 1992 le prix Derrick-Murdoch pour la création de sa célèbre série d'anthologies *Cold Blood*, un modèle du genre dans le monde anglo-saxon. Peter Sellers a été deux fois président de l'association des *Crime Writers of Canada*.

Scott Chalmers

Les polars forment la jeunesse!

MARTINE LATULIPPE

Suzanne Morel

omment naissent les habitudes de lecture? Si le polar est de plus en plus un genre prisé par les adultes, est-ce parce qu'il y a plus de diversité proposée aux jeunes lecteurs et qu'ils deviennent plus tôt adeptes de littérature policière? Un grand nombre d'adolescents ont un jour découvert qu'ils aimaient lire grâce aux romans d'Agatha Christie, Raymond Chandler, Stephen King... Plus près de nous, de talentueux auteurs québécois proposent aussi à notre jeunesse des polars ou des romans d'aventures. Pensons entre autres à Camille Bouchard, Benoît Bouthillette, Chrystine Brouillet, François Gravel, Jean Lemieux,

Michèle Marineau et Robert Soulières. Écrire pour les jeunes, est-ce le même travail qu'écrire pour les adultes ? Est-ce plus contraignant ? Peut-on parler de tout ? Avec la complicité des sept auteurs jeunesse québécois mentionnés, *Alibis* s'est penché sur la question.

ALIBIS — Quel est le premier polar jeunesse que vous avez publié ? Qu'est-ce qui vous a amenés à l'écriture de romans de ce genre pour les jeunes ?

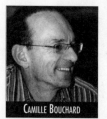

CAMILLE BOUCHARD

BOUCHARD — Mes premiers textes qui correspondent vraiment au genre seraient ma série *La Bande des 5 continents*. Ça date de 2006. C'est assez récent. Je trouve que mes romans, en général, touchent davantage le genre « aventures » que « polar ». C'est vraiment le genre qui s'est amené tout seul quand j'ai écrit cette série, qui se voulait plutôt un éloge des différences multiculturelles.

BENOÎT BOUTHILLETTE

BOUTHILLETTE — *La Nébuleuse du chat*, aux éditions de la Bagnole. La proposition, et le défi, d'écrire un archétype de roman policier dans une nouvelle collection (Gazoline) qui allait proposer des romans de genre, avec un dossier « didactique » qui allait permettre de situer le travail de l'auteur. L'offre est survenue alors que j'avais été tenu à l'écart de l'écriture pour presque une année complète (blessure au dos, médication, incapacité de m'asseoir…), le roman fut une opportunité inouïe de me réapproprier l'écriture, de renouer avec Benjamin Sioui et son univers.

La rédaction de ce roman m'a mené vers la guérison.

CHRYSTINE BROUILLET

BROUILLET — *Un secret bien gardé*, un album illustré par Philippe Béha pour les petits (un conte où il y avait un mystère). Plus directement policier : *Le Complot,* à la Courte échelle.

FRANÇOIS GRAVEL

GRAVEL — Il y avait quelques éléments dans certains livres de la série *Klonk* (1993-2004), et la couleur prédominante de la série *Sauvage* (2002-2008) est certainement le noir. Il y a donc toujours eu un élément mystère dans mes romans jeunesse. J'aime raconter des histoires. Un mystère à résoudre, c'est saprément intéressant !

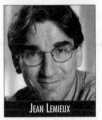

JEAN LEMIEUX

LEMIEUX — Je n'ai jamais publié de polar pour les jeunes. Par contre, j'ai publié, en 1995, *Le Trésor de Brion*, un roman d'aventures.

MICHÈLE MARINEAU

MARINEAU — *L'Homme du Cheshire* (Québec Amérique, 1990). J'ai repris les personnages de ce livre dans *Rouge poison* (Québec Amérique, 2000), qui mérite peut-être davantage **67** le nom de polar. [Ce qui a amené ce genre ?] Mon amour pour le polar en général.

ROBERT SOULIÈRES

SOULIÈRES — C'était *Le Visiteur du soir* ; le vol d'un tableau de Jean Paul Lemieux au cours d'un carnaval étudiant… en 1980.

ALIBIS — Enfant, lisiez-vous du polar ? À quel âge environ avez-vous découvert ce genre littéraire ?

BOUCHARD — J'étais trop jeune pour m'en souvenir. Peut-être que mon ourson s'en rappelle… Puisqu'il n'y avait pas vraiment de littérature jeunesse dans mon temps (peu après le néolithique), je lisais Harry Dickson, Rouletabille, etc. Mais je ne choisissais pas ces romans pour le genre, seulement parce que je lisais tout ce qui me tombait sous la main… sauf les revues de mes grands frères (à cause des photos qu'on y trouvait).

BOUTHILLETTE — Enfant, j'ai tout lu. Oui Oui, Babar, Jules Verne, Pif Gadget, Spirou, *La Petite Maison dans la prairie*, *Racines*. Souvent des livres que lisait ma mère.

Peut-être certains romans de Guy des Cars peuvent-ils être qualifiés de polars. Peut-être mon premier « véritable » polar : *Isabelle Bell*, de André Rufiange. André Rufiange est la raison pour laquelle j'écris aujourd'hui : tenter de susciter le même éclat qu'il faisait jaillir dans les yeux de ma mère à la lecture de ses chroniques sociales irrévérencieuses, tendres et drôles. Mais, avant tout, Bob Morane. Peut-être que Benjamin Sioui lui doit beaucoup.

BROUILLET — Oui, je lisais le Club des Cinq et surtout les Fantômette… j'avais même un costume de Fantômette et je tentais de mener des enquêtes (malheureusement, il y avait peu de mystères à résoudre dans mon enfance bien calme !).

68 GRAVEL — J'ai lu et relu des dizaines de fois les bandes dessinées classiques (Tintin, Spirou) avant de passer à la populaire série Bob Morane, qui a marqué beaucoup de lecteurs de ma génération. Il faut dire qu'il ne se publiait pas grand-chose à cette époque, ou du moins que nous n'y avions pas accès. Mon premier *vrai* roman policier a été *Une étude en rouge*, de Conan Doyle, que j'ai dévoré quand j'avais quatorze ou quinze ans. Ce fut l'un des grands moments de lecture de toute ma vie, toutes catégories confondues. J'ai lu à la même époque les Rouletabille et les Arsène Lupin, avec moins de plaisir cependant. J'ai vraiment été contaminé

par Sherlock Holmes : dans mon esprit, un véritable roman policier doit nécessairement se dérouler à Londres, avec du brouillard si possible, ou alors à New York, et un policier crédible ne peut tout simplement pas s'appeler Didier et encore moins manger du cassoulet.

LEMIEUX — J'ai commencé à lire des romans policiers vers l'âge de dix ans. Il s'agissait encore une fois de livres d'aventures pour jeunes, parfois centrés sur des crimes, mais le plus souvent sur ce qui ressemblait davantage à des suspenses ou des mystères. J'ai commencé à lire des romans policiers plus « classiques », pas nécessairement destinés aux jeunes (Conan Doyle, Maurice Leblanc, Agatha Christie) vers l'âge de douze ans.

MARINEAU — Oui. Vers 9 ans, je dirais, avec les livres d'Enid Blyton (Club des Cinq, Clan des Sept...).

SOULIÈRES — Vers 12-13 ans, j'ai découvert Agatha Christie. Ses livres m'ont tout de suite fasciné. Et par la suite, ce fut ceux de Gaston Leroux, Conan Doyle, etc.

ALIBIS — Grande question s'il en est une... pourquoi écrire du polar pour les jeunes ? Au-delà du divertissement, que permet ce genre ?

BOUTHILLETTE — Aujourd'hui plus que jamais, leur donner des héros qui prennent racine, qui s'incarnent, dans le réel. Redonner au jeune lecteur une emprise sur le monde en lui proposant des héros qui agissent sur le concret. Les extirper du fléau du fantastique, de la domination du genre, donc d'une pensée, unique. Le polar sert avant tout à faire un portrait du monde en y inscrivant des héros qui incarnent les valeurs de leur époque. Ils symbolisent la quête perpétuelle du bien contre le mal. Tenter de créer une mythologie qui soit propre à notre époque ; ré-ancrer le mythe dans le réel duquel il émerge.

BENOÎT BOUTHILLETTE
La Nébuleuse du Chat

Nul besoin de recourir à des dragons pour symboliser nos craintes à vaincre, surtout que la métaphore ne semble pas tacite auprès du lectorat, je n'ai pas l'impression que l'on dise aux jeunes que les dons magiques qu'on retrouve dans les livres symbolisent les talents que chacun porte en lui. J'ai l'impression qu'on est en train de faire croire que tout finit par s'arranger par magie. On ne fait

69

plus appel au mystère de la religion, mais on renvoie le pouvoir sur nos vies à une même force extérieure.

BROUILLET — J'écris du polar pour les jeunes parce que j'ai aimé en lire et qu'il n'y avait pas tellement de choix à l'époque pour les jeunes lecteurs. Je pense qu'une histoire captivante, pleine de rebondissements incite les jeunes à la lire. On peut aussi profiter d'une intrigue pour mettre les jeunes en garde contre certains dangers (j'ai ainsi parlé des périls d'une fugue dans *Un jeu dangereux*). Toutefois, je ne pense pas à délivrer absolument un « message » quand j'écris ; ce qui m'importe, c'est que le lecteur oublie son quotidien le temps de la lecture.

GRAVEL — Quand on me demande pourquoi j'écris pour les jeunes en général, toutes catégories confondues, je réponds souvent que j'écris pour l'enfant que j'étais. Je veux consoler cet enfant, le réjouir, l'amuser, lui faire découvrir des êtres humains différents de ceux qui l'entourent, lui montrer qu'on peut multiplier les possibles. Je souhaite que cet enfant puisse sortir de lui-même, l'espace d'une lecture, pour mieux y revenir, riche de nouvelles expériences.

Ce qui m'amène à retourner la question : qu'y aurait-il de mal à ce que ce ne soit *que* du divertissement ? Divertir quelqu'un de lui-même et de ses malheurs me semble une tâche méritoire.

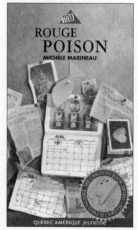

LEMIEUX — Le genre peut permettre un rendu des réalités socioéconomiques. C'est d'ailleurs l'un des atouts majeurs de la littérature policière.

MARINEAU — Il me semble que cette question peut s'appliquer à tous les genres. Personnellement, j'aime lire des polars, j'aime inventer des intrigues, j'aime en écrire, pour les jeunes comme pour les adultes. Le grand intérêt du genre, pour moi, c'est qu'il permet d'aborder tous les sujets possibles dans une histoire captivante, qui va garder l'attention des lecteurs. Un polar peut être palpitant, drôle, profond, émouvant...

SOULIÈRES — On peut y mettre de tout: action, aventure, suspense, un soupçon de violence, un meurtre ou deux, mais avec une certaine parcimonie.

ALIBIS — Vous écrivez tous pour adultes et pour enfants (romans, nouvelles...). Quelle est la différence majeure, selon que vous écrivez pour les uns ou les autres?

BOUCHARD — La trame des histoires que je destine aux plus jeunes est moins complexe. C'est la différence majeure. Mais il y a énormément d'autres dissemblances qui rejoignent tous les

genres de littérature, pas seulement le polar, notamment dans l'adoucissement des scènes de violence, dans les descriptions des crimes perpétrés, dans l'absence (ou quasi-absence, en fonction de l'âge du lectorat) de sexualité, etc.

BOUTHILLETTE — Le ton. La tendresse doit remplacer la force brute. J'ai choisi de transporter mon héros et mes personnages dans un univers qui met en scène une jeune fille de 12 ans. Les envolées lyriques de mon narrateur doivent être ramenées à un style simplifié. La plus grande difficulté a été de trouver le juste milieu entre la voix de Benjamin Sioui et une formulation qui soit accessible à un (bon) lecteur de 10 ans et plus.

Il m'était primordial que les adultes y trouvent aussi leur compte et retrouvent les personnages qu'ils ont aimés, sous un éclairage différent. La difficulté majeure tient au fait qu'écrire est avant tout une question de musicalité. Quand j'écris pour les adultes, je sais quand ça sonne juste. Pour les enfants, je ne peux que me projeter à quand j'avais 10-12 ans, sans pouvoir passer outre que j'étais un grand lecteur. Je ne sais jamais si ce que j'écris sera lisible pour un jeune de 12 ans, je sais par contre que la relation que je dépeins est juste parce qu'elle se base sur ma propre expérience avec des jeunes de cet âge.

BROUILLET — La différence majeure ? Le nombre de pages… et donc la complexité des intrigues. Je choisis aussi des sujets plus durs pour les adultes et ces romans peuvent se terminer sur une note amère alors que je ne le fais jamais quand il s'agit de romans jeunesse.

GRAVEL — Les romans pour la jeunesse sont généralement plus courts que les romans pour adultes, et il y a une excellente raison à cela : les jeunes comprennent plus vite, pas besoin de tout leur expliquer.

Quel que soit le public, le travail est le même : il s'agit d'aligner des mots en espérant créer des images dans la tête du lecteur. Comme les enfants débordent d'imagination, il leur suffit de peu de mots pour décoller. L'action est donc plus serrée. Les adultes, en revanche, sont lents et lourds, et leur imagination s'est usée avec le temps – si toutefois il leur en reste. Il faut donc être patient avec eux, les tenir par la main…

LEMIEUX — Le vocabulaire, la complexité de la structure et du propos, les thèmes abordés sont différents selon que j'écrive pour les jeunes ou pour les plus vieux. Par ailleurs, il m'est arrivé d'aborder des thèmes très sérieux dans des livres pour premiers lecteurs.

MARINEAU — Je ne vois pas de différence entre écrire pour les ados et écrire pour les adultes. Pour les enfants plus jeunes, je me sens moins à l'aise. Je me pose plus de questions sur mon écriture. Je dois faire preuve de plus d'esprit de synthèse.

ALIBIS — Considérez-vous plus difficile d'écrire du polar (ou du roman d'aventures) pour les jeunes ou pour les adultes ?

BOUCHARD — Pour les jeunes. À cause des dissemblances citées, il faut rendre l'histoire intéressante sans certains artifices spectaculaires. Tout repose sur le suspense et les personnages.

De plus, le lecteur jeune est plus sélectif et moins tolérant que l'adulte. Il ne faut *jamais* le décevoir.

BOUTHILLETTE — Il est beaucoup plus difficile d'écrire pour les jeunes. Par le format, on ne peut se permettre de tomber dans l'épique, ce qui permettrait d'étoffer un propos, une crédibilité, une pensée, comme dans le roman adulte.

Ce qui paraît moraliste dans un roman adulte peut passer pour moralisateur dans un roman jeunesse. Nous sommes toujours aux prises avec les notions de bien et de mal, dans le polar. Être moraliste, c'est simplement affirmer que le bien et le mal existent, et tenter d'y tracer sa voie à l'intérieur. Être moralisateur, ce serait d'affirmer qu'il existe UN bien pour triompher du mal. Ça, je laisse ça aux romans de chevaliers et de porte-étendards.

BROUILLET — Non, les difficultés sont différentes.

GRAVEL — Écrire est une activité qui me procure un plaisir intense. Je ne le ferais pas sans cela. Quel que soit le public, j'y trouve la même excitation – et les mêmes difficultés. Je dirais qu'il y a autant de travail par pouce carré de texte dans un roman jeunesse que dans un roman adulte, et un peu plus de plaisir dans un roman jeunesse.

LEMIEUX — Il est aussi difficile de bien écrire pour les jeunes que pour les adultes.

MARINEAU — Pour l'écriture elle-même, ça s'équivaut. Quand j'arrive à dépasser toutes mes craintes et à me laisser aller au plaisir d'écrire, il n'y a pas de différence. Par contre, mes craintes ont été plus paralysantes pendant plus longtemps quand j'ai entrepris l'écriture de mon seul roman pour adultes jusqu'à maintenant (*La Troisième lettre*, Québec Amérique, 2007).

SOULIÈRES — Je dirais que c'est plus difficile d'écrire pour les adultes. Il faut que l'écriture, la structure, la crédibilité et la vraisemblance de l'histoire soient plus que parfaites. Le lecteur adulte m'apparaît plus exigeant, car il est plus cultivé forcément et il a lu davantage de romans policiers et vu davantage de films que le jeune lecteur.

ALIBIS — Trouvez-vous que la situation du polar a changé ? Que vous devez être plus *politically correct* qu'avant ?

BOUCHARD — Je ne connais pas suffisamment le polar pour avoir une réelle opinion sur le sujet. Toutefois, la littérature jeunesse en général a intérêt à ne pas trop se polir, à évoluer avec la même courbe que celle de son lectorat. L'an dernier, lors d'une rencontre avec des adolescents, une jeune fille m'a dit: « Ici, dans l'école, il n'y a pas une classe où au moins une fille n'ait de contacts avec un *pimp*. Alors, pourquoi des auteurs s'obstinent à nous raconter des histoires de bébés? »

BROUILLET — Je ne sais pas... Je ne lis pas tellement les polars écrits par les collègues. Dans mon cas, je ne me sens pas du tout censurée ou tenue d'être *politically correct*.

GRAVEL — Non.

LEMIEUX — Je ne sais si le contenu du polar jeunesse doit être plus *politically correct*. Ce que j'observe, par contre, c'est que l'édition jeunesse, en général, est devenue plus mercantile, plus *economically correct*.

MARINEAU — Avant quoi? Je n'ai pas écrit beaucoup de polars, mais je les ai écrits de la même façon que mes autres livres, avec les mêmes préoccupations. Quand j'écris, je me pose souvent des questions sur ce que je devrais dire, et comment, mais je me pose ces questions par rapport à moi-même et à mes valeurs, et non en fonction de ce que diront l'éditeur, les enseignants ou les parents. En fait, je me trouve parfois trop moralisatrice, mais c'est mon problème à moi, ça ne m'est pas imposé de l'extérieur!

SOULIÈRES — Qu'avant, non, pas particulièrement, les temps n'ont pas beaucoup changé. Avec les jeunes, on peut tout dire, mais ce sont les enseignants et les bibliothécaires qui choisissent, donc pas trop de sang, pas trop de violence alors que le genre commande ça! À la télé, tout passe bien étrangement mieux que dans un livre. Dommage. Je comprends que les écrivains se sentent un peu brimés et qu'ils s'autocensurent parfois.

ALIBIS — Jusqu'où peut-on aller quand on écrit pour les jeunes ? Peut-on parler de tout ?

BOUCHARD — On peut leur parler absolument de tout. C'est la manière de le dire qui varie en fonction de l'âge. Dans ma série *Les Voyages de Nicolas*, pour les 8 ans et plus, je parle de trafic humain, d'enfants esclaves, de trafic d'organes, etc. Mais on ne trouvera pas de scènes où les trafiquants battent les enfants à coups de pied, par exemple, ni de médecins qui fouillent le corps d'une victime pour prélever les organes, rien du genre. Il faut savoir limiter l'horreur sans la taire.

BOUTHILLETTE — Les romans jeunesse que je lis m'ennuient. Je ne parle pas spécifiquement des polars. On dirait toujours un univers formaté. La rectitude langagière est désolante. On écrit des romans normatifs dans l'espoir de se retrouver inscrit au programme des collectivités (scolaires). Les valeurs et vertus pédagogiques d'un bon roman se trouvent dans le portrait des situations de vie qu'il dépeint, non dans la conformité de sa langue. On lit des romans pour apprendre la vie, non pas pour apprendre à lire.

On buvait du scotch dans les romans de Bob Morane.

BROUILLET — Je ne sais pas. Ça dépend vraiment de l'âge du lecteur.

GRAVEL — On peut certainement parler de tout, mais pas n'importe comment. Une glorification de la pédophilie, du sexisme ou du racisme serait par exemple inacceptable, de même d'ailleurs qu'une incitation à consommer des drogues dures… La liste pourrait s'allonger. On imagine mal, de même, un traité de désespoir à l'usage des jeunes, avec un guide du suicide en annexe. Si de tels livres étaient publiés, je me transformerais volontiers en député conservateur d'arrière-banc pour exiger de la

censure. Ce n'est heureusement pas nécessaire : les auteurs jeunesse ne sont pas si bêtes, les éditeurs non plus.

LEMIEUX — Il existe des réalités, morales ou autres, qu'on peut difficilement aborder en littérature jeunesse, sinon pour les expliquer par la bande. Une partie du vécu adulte ne peut être rendue dans la littérature jeunesse, ce qui n'enlève aucune valeur à celle-ci.

MARINEAU — Je crois qu'on peut parler de tout. Mais la façon de le faire change selon l'âge des lecteurs, selon les auteurs aussi.

Les enfants et les ados savent déjà, à des degrés divers, qu'il y a des malheurs dans le monde, des injustices, des horreurs même. Il y a aussi de belles et grandes choses, des gens admirables… On peut parler de tout ça dans les livres. Les livres peuvent expliquer, consoler, divertir, donner à réfléchir, accompagner. De toute façon, ce n'est pas à l'auteur de décider quel rôle jouera son livre. Il écrit ce qu'il a envie ou besoin de dire, du mieux qu'il peut, et les lecteurs en font ce qu'ils veulent ou ce qu'ils peuvent.

Évidemment, je serais incapable de justifier qu'on présente aux jeunes de la littérature haineuse, ou méprisante, ou totalement désespérée – des textes qui font l'éloge du suicide, par exemple. Ce qui ne veut pas dire qu'on ne peut pas parler de suicide, de meurtre, de torture ou de haine dans des livres pour les jeunes. Il faut cependant respecter leur sensibilité, leur intelligence, leur capacité à absorber telle ou telle notion.

SOULIÈRES — On peut certes parler de tout, mais il faut mettre des gants blancs… et avec des gants on écrit moins librement.

ALIBIS — Avez-vous un coup de cœur en polar jeunesse, un titre que vous pourriez suggérer à nos lecteurs adolescents ou aux parents de plus jeunes lecteurs ?

BOUTHILLETTE — Robert Soulières, *Un cadavre de classe*. Pour une rare fois un roman à l'image de son auteur : une merveille de charme, de drôlerie et d'intelligence. Où on voit agir la mécanique d'un esprit.

BROUILLET — Je n'ai pas d'enfants chez moi, je lis beaucoup de polars pour adultes mais pas pour enfants, mais j'adore la série *Notdog* de Sylvie Desrosiers.

GRAVEL — *Rouge poison*, de Michèle Marineau ! Mais il faut dire que j'ai un coup de cœur permanent pour son auteure…

MARINEAU — Euh… je dois avouer que je ne lis plus beaucoup de polars jeunesse. J'ai bien aimé certains titres de Jean-Paul Nozière et de Marie-Aude Murail. Je ne connais pas beaucoup le polar jeunesse québécois – ou alors c'est qu'il ne me vient rien à l'esprit.

SOULIÈRES — *L'Affaire Borduas* de Carole Tremblay, un meurtre dans le milieu de la peinture moderne, c'est pour les 13 ans et plus. Et toujours de Carole Tremblay pour les plus jeunes : *Les Aventures de Fred Poulet* (trois titres). Des courtes enquêtes drôles et irrésistibles. Par ailleurs, je n'ai pas lu de romans de Laurent Chabin et d'André Marois, mais on m'en a dit le plus grand bien. Ils sont sur ma liste…

ALIBIS — Une dernière question : travaillez-vous actuellement sur un projet de polar jeunesse ?

BOUCHARD — Je poursuis ma série *Les Voyages de Nicolas*. *(Pendant qu'on est tous ici, devant les micros de cette table ronde, quelqu'un pourrait-il me reverser un peu d'eau ? J'ai grignoté ma serviette de papier par nervosité.)*

BOUTHILLETTE — J'ai en tête la suite de *La Nébuleuse du chat*, et, pour une rare fois chez moi, le canevas est déjà prêt, les grandes lignes sont toutes tracées. Le roman s'articulerait cette fois autour des garçons, il s'intitule pour l'instant *Le Jour de la marmotte*, et il mettrait toujours en scène Benjamin Sioui. Mais les différents projets qui monopolisent mes deux prochaines années d'écriture me laissent entrevoir bien loin l'horizon de sa rédaction…

BROUILLET — Non.

GRAVEL — *La Cagoule* paraîtra en janvier prochain chez Québec Amérique. C'est un roman très noir, dans la lignée de la série *Sauvage*.

LEMIEUX — Je travaille actuellement à un polar dit « adulte ».

MARINEAU — Oui. Un roman qui réunit les personnages de *Rouge poison* et du livre *Les Vélos n'ont pas d'états d'âme*.

SOULIÈRES — Non, mais ça mijote dans la marmite à idées et j'ai aussi des projets pour deux ou trois nouvelles pour adultes… reste le temps à y consacrer, car éditer les autres demande beaucoup de temps qu'on ne peut consacrer à la création… parlez-en à Jean Pettigrew !

❖

Pour leurs réponses précises, leurs réflexions, leurs pistes in-téressantes, merci à Camille Bouchard, Benoît Bouthillette, Chrystine Brouillet, François Gravel, Jean Lemieux, Michèle Marineau et Robert Soulières. Le polar et le roman d'aventures jeunesse sont en plein essor au Québec… n'hésitez pas à partir à leur découverte. Et bonne lecture… quel que soit votre âge !

Voir la capsule biographique de Martine Latulippe à la page 31.

Enquête sur le polar
1. L'épidémie polar

JEAN-JACQUES PELLETIER

Suzanne Morel

Le roman policier est facilement associé au noir, ne serait-ce que par son affinité avec les romans noirs et les films noirs (idéalement en version noir et blanc).

Noir…

Un jugement de valeur se dissimule souvent derrière cet adjectif apparemment neutre : le roman policier serait « noir ». Il serait exagérément sombre. Sinistre. Son filtre noir l'amènerait à présenter une version déformée de la réalité… laquelle serait « moins pire », comme on dit.

Qu'en est-il vraiment de la réalité ?

UN MONDE NOIR

Les informations ont la réputation d'être éphémères, prêtes à être jetées sitôt consommées. En voici quelques-unes qui sont malheureusement d'actualité jour après jour[1].

- Plus de 250 millions d'enfants, âgés de 5 à 14 ans, travaillent dans le monde. Soixante millions comme prostitués.

- Bengladesh : de 1999 à 2005, on a répertorié 2000 cas de femmes défigurées à l'acide : leur famille refusait de payer une rallonge à la dot.

- Toronto : en 2000, 700 personnes ont été arrêtées pour traite de personnes.

- En Asie, en Afrique, en Amérique du Sud, des gangs mutilent des enfants pour qu'ils soient plus efficaces comme mendiants.

- De 13 à 16 millions d'hectares de forêt sont décimés annuellement.

- En Inde, entre 100 000 et 200 000 Népalaises sont exploitées dans des « maisons » du nord et du centre du pays. Elles sont souvent vendues à des trafiquants par leur famille pour quelques roupies. Une roupie vaut trois sous.

- Le trafic d'enfants pour adoption rapporte environ 200 millions de dollars par an aux groupes mafieux.

- Il y a 637 espèces animales en voie de disparition au Brésil, trois fois plus qu'il y a 15 ans.

- Italie : entre 20 000 et 30 000 femmes y entrent illégalement chaque année pour alimenter l'industrie du sexe. Elles sont « cassées » dans des camps de dressage où elles doivent passer de 50 à 60 clients par jour.

- Sur le marché de l'adoption illégale, les enfants handicapés sont vendus à prix fortement réduit.

- Le Caire : 1,5 million d'individus y ont pour seul logement le toit des édifices.

- Un tiers des poissons de mer sont en train de disparaître.

- Ukraine : 400 000 femmes auraient été victimes de trafic d'êtres humains entre 1988 et 1998.

- Îles Caïmans : en 1999, fort de ses 35 000 habitants, ce territoire d'outre-mer du Royaume-Uni avait environ 35 000 entreprises, 400 compagnies d'assurances et 581 banques.

- Sur les 5487 espèces de mammifères recensées, 1141 sont menacées de disparition.

- Guatemala : 20 % des enfants meurent avant l'âge de 5 ans.
- Sur la planète, 2 % de l'humanité possède 50 % de la richesse ; 50 % de l'humanité se répartit 1 % de cette richesse.
- Chaque année, 4 millions d'enfants meurent de diarrhée parce qu'ils ont bu de l'eau contaminée.
- Certaines prostituées sont tuées pour qu'on puisse récupérer leurs organes. D'autres sont louées pour donner naissance à un enfant qui sera vendu sur le marché de l'adoption.
- Des cassettes où ont été filmés des meurtres d'enfants de 2 à 12 ans étaient vendues entre 1067 et 3536 euros. Certains clients exigeaient des garanties d'authenticité par courriel.
- Chaque jour, au moins 50 000 enfants meurent de faim ou de malnutrition. Le chiffre pourrait être de 100 000 et plus.
- Un être humain sur six ne mange pas à sa faim.
- Et, pendant ce temps, on refile aux générations futures des factures de milliers de milliards de dollars pour sauver des banques et des entreprises victimes de leur propre rapacité et de leurs pratiques irresponsables.

Voilà pour la réalité…

Ou, du moins, pour une partie de la réalité. Car le catalogue des horreurs est beaucoup plus vaste. On pourrait mentionner l'Holocauste, les génocides et les nettoyages ethniques… ou encore la destruction en cours de la planète, dont dépend la survie de l'humanité elle-même.

Dans le roman policier, dans le polar, est-ce différent ? La réalité y est-elle représentée en noir plus foncé ? en noir atténué ?…

C'est une évidence, le polar s'intéresse à des univers sombres et à des gens qui en tuent d'autres… Mais ils les assassinent habituellement un par un – au pire à la douzaine. Et cela se passe dans des mondes qui n'existent pas tout à fait, des mondes dits de fiction… ce qui rend les choses moins angoissantes. Au point qu'on parle parfois du roman policier comme d'une littérature d'évasion !

Les choses sont-elles vraiment si différentes dans la fiction ?

Par rapport à ce qui a cours dans le monde dit réel – même si on peut s'interroger sur la réalité dans laquelle vivent les gens qui ignorent une grande partie de ce qui a été énuméré précédemment –, dans la fiction, les méchants et les bons sont relativement bien identifiés, la trame des événements constitue une histoire (avec un début, un milieu et une fin), les causes et les conséquences sont assez bien repérables, la connaissance que les personnages ont de leur univers progresse et une certaine forme de justice finit généralement par y être dispensée... ce qui apporte un éventuel réconfort à plusieurs lecteurs.

Mais l'évasion n'est jamais totale. À terme, malgré les artifices de la mise en récit qui euphémisent la violence et le caractère absurde des événements, on y retrouve toujours, plus ou moins masquées, les violences de notre monde. On les y retrouve d'ailleurs de plus en plus, je dirais – ce qui fait que le roman policier évolue vers des formes à la fois plus violentes et de moins en moins « policées ».

UN VOCABULAIRE SUSPECT

Mais d'abord, qu'est-ce que le roman policier ? Le terme lui-même est contesté.

Ne serait-il pas préférable de parler de roman de détection ? de roman d'énigmes ? de polar ? de roman noir ? – ou carrément de roman criminel, comme le font les Allemands (*kriminalroman*) ?

Mais alors, comment traduire tous ces termes anglais que sont les *mystery novel, detective story, crime fiction, procedural, suspense, whodunit, hard boiled detective story, thriller*...?

Et puis, c'est sans compter ces « dérivés » de romans policiers que sont les romans judiciaires, les enquêtes médico-légales... Il y a aussi ces romans qui se situent à différentes époques historiques et où l'enquêteur est, par exemple, un juge de la cour impériale de Chine du VIIe siècle, un frère ou un moine dans l'Angleterre du XIIe siècle...

Il faut également prendre en compte ces romans – certains diraient hybrides ou métissés – dans lesquels des policiers et des enquêteurs de toutes sortes opèrent dans des contextes d'espionnage industriel, de politique-fiction, de western... Je passe par-dessus ces curiosités rarement convaincantes où ce sont des animaux qui mènent l'enquête.

Et finalement, pour simplifier les choses, tout un chacun emploie ces termes dans des sens différents, les utilisant souvent l'un pour l'autre. Comme le remarque Norbert Spehner dans *Scènes de crimes*, « le polar est une sorte d'auberge espagnole sémantique où chacun a tendance à se fabriquer ses propres définitions [2] ».

La confusion n'est d'ailleurs pas récente puisque, aux origines du roman policier, on retrouve des histoires où il n'y a pas de policiers… sauf à titre de repoussoirs pour mettre le héros en valeur !

Dans les pages qui suivent, j'utiliserai le terme générique de « roman policier », auquel je substituerai à l'occasion celui de « polar », qui a le mérite de paraître moins exclusivement centré sur le roman d'enquête, d'évoquer une atmosphère plus moderne… et d'avoir plus de punch.

DES ORIGINES LOUCHES

LES GRANDS ANCÊTRES

Aujourd'hui, le polar se répand sur la planète de façon épidémique. Il n'y a pourtant pas lieu de s'en étonner : tout au long de l'histoire, de nombreux indices laissaient présager cette éclosion.

Il y a d'abord l'utilisation du crime et de la mort comme moteur narratif. En littérature, ce n'est pas précisément une nouveauté : de la Bible à Shakespeare, on assassine et on massacre à tout va.

Prenons la Bible : ça commence par une déportation (l'exclusion du paradis), rapidement suivie d'un meurtre (Caïn et Abel), puis d'un génocide (le Déluge)… En bonne logique, les descendants des rares survivants continuent allègrement le massacre : Judith couche avec Holopherne pour lui trancher la tête, David envoie un de ses officiers mourir au combat parce qu'il veut coucher avec la femme de cet officier et Josué demande à Dieu d'arrêter le soleil parce qu'il n'a pas encore terminé le massacre – ce à quoi Dieu acquiesce évidemment.

Voltaire, lui, a créé le personnage de Zadig, qui épate ses interlocuteurs par ses prouesses déductives, par exemple en décrivant une chienne et un cheval à l'aide des traces qu'ils ont laissées[3].

Honoré de Balzac a écrit des romans « sur » la police et a mis en scène un enquêteur qui a déjà le détachement froid et professionnel du policier moderne : Corentin (*Une ténébreuse affaire, Splendeurs et misères des courtisanes*).

Eugène Sue décrit les horreurs de la nouvelle jungle urbaine : les bas-fonds de Paris (*Les Mystères de Paris*). Ce sont ces truands de tout acabit que l'on affublera d'un terme appelé à devenir un cliché : « Les Apaches [4] ».

Paul Féval met en scène une société secrète qui traverse les classes sociales et les époques ; elle préfigure les mafias et les groupes criminels transnationaux, dont les budgets et les ramifications échappent en grande partie au contrôle de la loi : ce sont *Les Habits Noirs* (1863-1875).

Dans *L'Affaire Lerouge*, Émile Gaboriau met en scène l'inspecteur Lecoq (1866), qui se déguise pour infiltrer des milieux louches, recueille des indices, utilise ses capacités de raisonnement et… ne recule pas devant une bagarre.

William Wilkie Collins, qui a écrit *La Pierre de lune* (1868) et créé le sergent Cuff, a le mérite d'introduire plusieurs des techniques du roman policier moderne : éparpiller dans le début du roman les indices qui permettent au lecteur avisé de résoudre l'affaire, respecter la procédure policière et faire du coupable un des suspects les moins probables.

Jules Mary construit un roman entièrement centré sur l'erreur judiciaire : l'innocent condamné injustement finit par être réhabilité ; la vérité, par triompher ; le véritable coupable, par être puni. Il s'agit de *Roger-la-Honte (1886)*. On croirait lire la trame de base de l'émission *Le Fugitif…* ou une variation sur le *Comte de Monte-Cristo* (1844).

Un père putatif officiel : Edgar Poe

Pourtant, il est de bon ton de faire remonter les origines du roman policier à Edgar Allan Poe – lequel, en bonne logique, a écrit des histoires relativement courtes qui ne sont pas des romans et dont les héros ne sont pas des policiers.

Raison officielle de cette paternité alléguée ? Le héros, le chevalier Charles-Auguste Dupin, est supérieurement doué pour l'analyse et la déduction. Sa spécialité est la résolution d'énigmes, talent qu'il applique à l'élucidation de quelques meurtres[5]. À l'aide d'indices qu'il est souvent le seul à remarquer, par l'unique puissance de son raisonnement, il recrée par déduction la chaîne des événements passés et il met au jour ce qui s'est réellement produit.

Edgar Allan Poe

Est-ce suffisant pour parler d'enquête ? En fait, les prouesses de Dupin apparaissent plutôt comme des exercices de logique – certains diraient des divertissements de salon – que comme de véritables enquêtes. On pourrait, disent-ils, les ranger quelque part entre le *sudoku* et les problèmes de logique que publient certaines revues spécialisées.

Réduire le roman policier à la résolution d'énigmes apparaît comme une définition maigre et singulièrement simplificatrice.

Qu'y manque-t-il ?… Le drame de la victime, le travail patient et empirique de l'enquête, l'horreur du meurtre, les tourments intérieurs de l'enquêteur, le poids des injustices et des contraintes sociales, la complexité de l'âme du criminel et de ses motivations, le châtiment éventuel du coupable… Autrement dit, toute la tragédie humaine que met en scène le roman policier.

Si on analyse le succès d'une des continuatrices les plus célèbres de Poe, Agatha Christie, on voit que ce succès tient à beaucoup plus qu'aux prouesses intellectuelles de ses enquêteurs – même dans le cas du Belge prétentieux aux célèbres petites cellules grises ! Ce qui a joué, c'est la personnalité particulière qu'elle a attribuée à ses héros et, plus encore, c'est l'univers dans lequel elle les fait évoluer.

C'est ce travail d'incarnation des personnages et de création d'univers qui a permis à Poirot et à Miss Marple d'accéder à l'existence autonome qu'acquièrent les héros mythiques… Limitées à leur stricte dimension déductive, leurs résolutions d'énigmes intéresseraient beaucoup moins. Derrière l'énigme du meurtre, c'est toujours l'énigme des êtres qui se profile et qui sous-tend l'histoire. À commencer par l'énigme que constituent les enquêteurs eux-mêmes... Qui est « vraiment » Poirot ? Que va-t-on apprendre de plus sur lui dans chaque nouvelle histoire ?

Et puis, il y a l'énigme que constitue une époque pour elle-même, énigme dont les romans policiers tiennent la chronique. Ce qui permet, avec le décalage temporel, de lire les romans d'Agatha Christie comme un témoignage sur la société bourgeoise anglaise de la première moitié du XXe siècle.

Il en est de même pour les histoires de Poe. Leur qualité « extraordinaire », pour utiliser son propre terme, provient de leur atmosphère d'étrangeté, nourrie (dans trois cas sur plus d'une cinquantaine d'histoires) par l'utilisation déroutante qui y est faite de la logique. Poe est bien plus le poète de la noirceur et de l'étrangeté que le romancier du crime et le chroniqueur de ses péripéties.

Ce qu'on doit cependant lui reconnaître, c'est d'avoir inventé le personnage du détective, qui s'appuie sur l'observation objective de la réalité et la pensée rationnelle pour découvrir la vérité... Encore qu'il faille, pour cela, se limiter à l'Occident et à l'époque moderne, car ce personnage existait depuis au moins le XVIIIe siècle en Chine.

Par ailleurs, il est intéressant de se demander pourquoi Poe fascine tant les écrivains et les théoriciens de la littérature. Pourquoi il les fascine au point qu'on lui attribue la paternité du roman policier et de toute la littérature « dont le ressort dramatique est la connaissance », comme le dit Borges... Est-ce que ce ne serait pas parce que l'activité du détective redouble celle de l'écrivain ?

Que fait le détective ? Il rassemble dans l'unité d'un récit une disparité d'éléments (les indices) en apparence hétéroclites. Avec l'enquête, c'est chaque fois la possibilité du récit qui se joue. La possibilité de reconstruire une trame événementielle pour raconter ce qui s'est passé.

De là vient peut-être la fascination pour la dimension « énigmatique » du roman policier : à l'énigme des êtres et des époques se superpose celle que constitue la possibilité du récit lui-même.

Un père tragique…

Si les grands ancêtres sont décidément trop éloignés et que Poe s'avère un candidat insatisfaisant, à qui peut-on octroyer la paternité du polar ? Vers quel candidat se tourner ?

Examinons une autre candidature. Prenons comme exemple une histoire qui place l'enquêteur, un expert en énigmes, devant un meurtre qu'on n'a jamais éclairci ; la victime a laissé derrière elle une veuve éplorée ; malgré les avertissements qu'on adresse au héros pour qu'il renonce à son enquête, il s'obstine ; il s'acharne à chercher l'identité du meurtrier ; à la fin, le meurtrier est dévoilé et il subit un châtiment cruel aux mains d'un bourreau… Avouez que ça commence à ressembler davantage à un roman policier moderne. Surtout si l'on précise qu'il existe une histoire d'amour entre l'enquêteur et la veuve éplorée et que l'enquêteur est un personnage tourmenté par son passé.

L'atmosphère est résolument moderne. On comprend que Gallimard l'ait publié dans sa collection Série noire. Et cela, même si l'histoire a une allure plutôt post-moderne que moderne. Car l'auteur a fait de l'enquêteur, du meurtrier et du bourreau une seule et même personne… À la fin, cette personne endosse même le rôle de la victime !

De quelle histoire s'agit-il ? D'un roman où l'enquêteur est un policier atteint du syndrome de personnalité multiple, dont une des personnalités est un meurtrier, et qui devient une sorte de victime, quand l'enquêteur réussit à se démasquer lui-même et à se livrer à la justice ?… Ce ne serait pas impossible. De tels romans ont déjà été écrits… Mais cette histoire est plus ancienne. Elle remonte à 2600 ans… Elle a pour titre *Œdipe Roi*.

Bien sûr, au départ, *Œdipe Roi* n'était pas un roman. Et puis, on hésite à faire remonter aussi loin l'origine du polar.

Alors, qui reste-t-il comme candidat à la paternité ?

Si l'on s'en tient à l'époque plus moderne du « roman » policier, un nom s'impose : Conan Doyle.

Un père de fonction : Conan Doyle…

Qu'est-ce qui permet à Conan Doyle de prétendre au titre de père du roman policier ? Essentiellement le fait qu'il invente ce qui deviendra la matrice du roman policier – et d'une grande partie du roman populaire – du XXe siècle. Il le fait en modernisant et en complexifiant la structure du roman[6].

De la quête à l'enquête

Tout d'abord, la quête intellectuelle
de la vérité, propre au roman d'énigme,
devient une véritable enquête. Bien sûr,
Sherlock Holmes est célèbre pour ses
déductions ; mais sa véritable force
repose sur une méthode rigoureuse,
scientifique, qui part d'intuitions, qu'il
traite comme des hypothèses et qu'il
vérifie en cherchant des preuves maté-
rielles. Pour effectuer cette vérifica-

Arthur Conan Doyle

tion, il s'appuie sur tout un arsenal de connaissances scientifiques. Au point qu'il a devancé et influencé le développement
de la science criminelle de son époque[7].

Le criminel à démasquer

En second lieu, l'ennemi, comme figure du mal, devient le criminel. Et même le super criminel, qui règne sur une organisation
secrète de malfaiteurs. Il ne s'agit donc plus du représentant d'un
groupe social, comme ont pu l'être, en leur temps, l'Infidèle,
l'aristocrate corrompu ou le riche bourgeois exploiteur. Ce nouvel
ennemi n'est pas le représentant d'un peuple ou d'une classe
sociale. Il est intérieur à la société. Il s'agit d'un « autre » qui
dissimule sa différence : en apparence, rien ne le distingue. C'est
un traître à l'ordre social qu'il parasite. D'où la nécessité de
l'enquête pour le démasquer.

Des victimes individualisées

En troisième lieu, les victimes commencent à s'individualiser
et à exister pour elles-mêmes : bien sûr, Holmes les traite d'abord
comme les éléments abstraits d'un problème à résoudre ; mais
plusieurs de ses enquêtes visent d'abord à défendre des individus
et non pas à faire respecter la loi. Il arrive même que son souci
des victimes le conduise à privilégier la justice au détriment de
la loi.

L'anti-héros marginal

Autre innovation majeure de Conan Doyle : le héros devient
un marginal. Holmes est l'archétype du mésadapté. Dans sa façon
d'être et dans son mode de vie, il incarne le contraire de l'ordre
britannique auquel on l'associe trop facilement.

Maniaco-dépressif, toxicomane, les mains toujours tachées d'encre ou de produits chimiques, se levant très tard, allergique aux « détestables corvées sociales qui l'obligent soit à bailler, soit à mentir », jugeant durement les bourgeois, sans famille à l'exception d'un frère encore plus froid que lui, vivant presque toute sa vie dans une chambre louée, n'ayant pas de relations humaines significatives à l'exception de son amitié pour sa logeuse (substitut

Sherlock Holmes

de mère ?) et pour Watson (amour homosexuel platonique ?)… il s'invente un travail en marge des catégories professionnelles de son époque et il fait souvent passer la justice avant la loi.

Le moins qu'on puisse dire, c'est qu'on est loin de la respectabilité tranquille et sereine qu'on associe habituellement à l'ordre social bourgeois.

Un décor urbain moderne

Conan Doyle fait de Holmes un urbain. Même si le détective n'hésite pas à parcourir la campagne anglaise pour traquer les coupables, son domaine, c'est la ville. Et pas seulement Londres. Cosmopolitisme oblige (à l'époque, on ne parlait pas encore de mondialisation), il fréquente les élites dirigeantes et possédantes de toute l'Europe.

Par ailleurs, Doyle inclut dans la narration plusieurs éléments résolument modernes : l'utilisation des médias pour faire avancer l'enquête, l'expertise du héros en arts martiaux, le recours à des expériences scientifiques…

Le héros à suivre

Mais l'apport le plus décisif de Conan Doyle se situe sur le plan narratif : il invente ce qu'on pourrait appeler le « héros à suivre ».

Le père de Sherlock Holmes trouvait que c'était « une erreur de publier un roman à suivre dans un magazine ». Aussi, il décida d'écrire « un feuilleton qui n'eût pas l'air d'en être un… un feuilleton dont chaque livraison formerait une histoire complète, tout en étant rattachée à celle qui l'avait précédée comme à celle qui lui succéderait par son héros ». Le but avoué était d'avoir « sur le lecteur un impact qu'on ne peut espérer avec un feuilleton pur et simple[8] ».

Voilà pourquoi on peut voir en Conan Doyle le véritable inventeur du roman policier et, plus généralement, de la littérature fondée sur l'utilisation de la connaissance comme ressort dramatique, comme en témoigne également son incursion dans le domaine de la science-fiction[9].

Bien sûr, Conan Doyle emprunte des éléments à ses prédécesseurs – à Poe, la résolution d'énigmes par observation et déduction ; à Gaboriau, les détectives qui se déguisent pour s'infiltrer dans les milieux interlopes et qui recueillent des indices… Conan Doyle reconnaît explicitement ses dettes. Mais il ne se contente pas d'emprunter ces éléments : il les intègre à une structure globale qui les dépasse et les transforme.

Pour utiliser une métaphore biologique, on pourrait dire qu'il donne au roman policier son code génétique et qu'il en définit les bases : l'enquêteur, le criminel, les milieux interlopes, la victime, la recherche de coupables et de preuves, l'utilisation de la science et de la déduction, la personnalité complexe de l'enquêteur, la recherche des motivations du criminel, le « héros à suivre », le super criminel, le châtiment éventuel des coupables, la tension entre la justice et la loi… Bien sûr, plusieurs de ces éléments flottaient déjà dans le milieu littéraire ambiant, mais il en invente un certain nombre et, surtout, il réunit le tout dans une nouvelle mécanique qui poursuivra sa vie propre – d'ailleurs contre la volonté de l'auteur !

C'est maintenant bien connu, malgré tous ses efforts, Conan Doyle n'est jamais parvenu à tuer son personnage. Après s'y être essayé, il a dû le ressusciter à cause de la pression populaire… y compris celle de sa mère ! Même la mort de l'auteur n'a pas réussi à interrompre son existence : tout au long du dernier siècle, le personnage de Holmes s'est imposé comme un incontournable, a mobilisé d'autres auteurs et il a poursuivi allègrement sa carrière !

Une bande de types douteux

Si la paternité de Conan Doyle permet de repérer un certain nombre d'éléments de la structure policière du roman, on imagine bien que les successeurs de Conan Doyle n'ont rien eu de plus pressant que de chambouler tous ces éléments. De mettre l'accent tantôt sur l'un, tantôt sur l'autre, de les mélanger, de les subvertir…

Pour reprendre la métaphore biologique que je viens d'évoquer, c'est comme si tous les éléments de la structure faisaient fréquemment l'objet de mutations, ce qui a engendré une prolifération de types de romans policiers.

Certaines mutations ont eu pour effet d'accorder une importance prioritaire à l'enquêteur dans l'histoire ; d'autres, au criminel ; d'autres encore, à la victime – ce qui a donné naissance à ce qu'on peut appeler le roman d'enquête, le roman noir et le suspense.

Chacun de ces types se décline évidemment selon toutes sortes de profils. En fait, il s'agit moins de types que de familles.

Voyons ça de plus près. Mais sans perdre de vue que toutes ces familles sont à la fois incestueuses et métissées, que peu de romans appartiennent à une seule et que leurs appartenances sont généralement floues et ambiguës[10].

À l'aide de ces quelques familles, nous allons tenter de dresser la fiche signalétique des différentes catégories de romans énumérées plus tôt.

LES ROMANS D'ENQUÊTE

La première famille regroupe les enquêteurs. Policiers ou autres, ils ont en commun une certaine obsession pour la vérité, pour le rétablissement de la justice, parfois les deux, dans des proportions variables et fluctuantes.

LES ROMANS D'ÉNIGME

Un premier type d'enquêteur est le déducteur de salon. Inventé par Poe, repris de façon emblématique par Agatha Christie à travers les personnages de Poirot et de Miss Marple, ces policiers qui n'en sont pas s'appuient principalement sur l'utilisation de leurs « petites cellules grises ».

Ce sont des romans d'analyse et d'interrogatoire, dans lesquels le détective utilise son pouvoir d'observation et ses capacités logiques pour débrouiller l'écheveau des indices et des témoignages, souvent contradictoires et mensongers.

On peut ranger dans cette catégorie les romans d'énigme[11] et une partie de ce que nos collègues anglais appellent des *whodunit*.

Cet aspect se retrouve aussi chez Sherlock Holmes, bien qu'il y soit subordonné à une méthode scientifique dont il n'est qu'un élément.

LES ROMANS DE PROCÉDURE POLICIÈRE

Un autre type d'enquêteur est le policier qui fait une véritable enquête, c'est-à-dire qui cherche des preuves, interroge des témoins, tente de reconstituer la chaîne des événements qui ont mené au crime, s'intéresse aux motifs des suspects, s'appuie sur une analyse scientifique des indices et tient compte (mais pas toujours) des limites que lui impose la loi. Assez souvent, il lui arrive d'arrêter les coupables.

Le prototype de cet enquêteur est, ici encore, Sherlock Holmes. Mais Holmes n'est pas policier et il n'est pas astreint aux contraintes de l'institution policière. Une bonne partie de ses successeurs le sont. Ce sont eux que l'on retrouve dans les romans de procédure policière (*police procedural*), dont l'émergence a marqué la réhabilitation des policiers.

Les romans de procédure décrivent les enquêtes volontiers fastidieuses, frustrantes, qui se chevauchent et dont certaines n'aboutissent jamais – autrement dit, l'ordinaire du travail des policiers. Souvent, aussi, ils mettent en scène la vie professionnelle des policiers, avec les luttes pour l'avancement, les rivalités entre clans, les « histoires » internes, les interférences des politiciens ainsi que les conséquences désastreuses de leur travail sur ce qui leur reste de vie privée. Joseph Aloysius Wambaugh demeure une des grandes figures de cette représentation réaliste du travail policier.

Une des forces de ce type de roman est d'intéresser le lecteur à la vie personnelle et sociale des policiers mis en scène, dont la présence récurrente, d'une aventure à l'autre, en fait des « héros à suivre »… même si, dans plusieurs cas, on pourrait parler d'anti-héros.

Parmi ces policiers, dont on peut suivre la vie privée et professionnelle de roman en roman, on peut mentionner Hieronymus Bosch (Michael Connelly), John Rebus (Ian Rankin) et Lucas Davenport (John Sandford)… sans oublier l'équipe d'enquêteurs du 87e district mise en scène par Ed McBain : Steve Carella,

Meyer Meyer, Bert Kling, Cotton Hawes... Pour faire bonne mesure, ajoutons Guido Brunetti (Donna Leon), Dave Robicheaux (James Lee Burke), Adam Dalgliesh (P. D. James), Jim Chee et Joe Leaphorn (Tony Hillerman)...

Au Québec, on peut mentionner le lieutenant Duval, de Jacques Côté, ou encore le lieutenant Julien Stifer, de Jacques Bissonnette.

LES ROMANS D'ENQUÊTE HUMAINE

Il arrive que certains enquêteurs doublent l'enquête criminelle d'une enquête humaine. Pour identifier le criminel, ils entreprennent de le comprendre de l'intérieur, pour ainsi dire; de comprendre comment il pense, comment il voit le monde, ce qu'il ressent.

On peut ranger dans cette catégorie les romans dans lesquels l'enquêteur est un profileur qui cherche à comprendre un tueur en série pour réussir à le coffrer. Deux des profileurs les plus connus de la littérature policière sont Will Graham (*Dragon rouge*) et Clarice Starling (*Le Silence des agneaux*). Tous les deux, ils ont eu à affronter Hannibal Lecter.

Au Québec, on retrouve en partie ces éléments dans les romans de Jacques Bissonnette (*Sanguine, Gueule d'Ange*), de Chrystine Brouillet (*Le Collectionneur*) et de Benoît Bouthillette (*La Trace de l'escargot*).

Dans certains cas, l'enquête humaine semble devenir une fin en soi, qui finit presque par éclipser l'enquête policière. Le champion toutes catégories de ce type d'enquête humaine, c'est évidemment Jules Maigret.

Tout au long de la centaine d'enquêtes que Maigret a menées, les exigences techniques de l'enquête policière (empreintes, recherche dans les fichiers...) apparaissent comme des figures imposées qu'il s'empresse de déléguer à ses subordonnés. Pour lui, l'enquête sur l'homme prend le pas sur l'enquête criminelle. Ce qui l'intéresse d'abord, c'est de se plonger dans l'atmosphère des lieux du crime, de s'imprégner de la vie de la victime ou du suspect,

93

de mijoter dans un mélange d'impressions et d'observations, pour en arriver à comprendre le criminel, à le « sentir », à découvrir par quel cheminement il a pu en arriver à commettre ce crime.

On pourrait dire qu'il cherche la logique humaine de l'affaire, qu'il veut élucider ses conditions de possibilités humaines, sociales et psychologiques. En ce sens, ses enquêtes sont plus transcendantales que criminelles, pour employer le jargon kantien : ce qui intéresse Maigret – et Simenon –, ce sont les conditions de possibilités du crime, la faille qu'il y a dans tout être humain, et qui fait qu'il a la possibilité, lorsque les circonstances s'y prêtent, de basculer du côté obscur, non pas de la force mais de lui-même.

Dans le cas de Gilbert Keith Chesterton, l'enquête acquiert même une dimension suprahumaine, théologique ; le père Brown voit en effet dans chaque crime, dans chaque meurtre, une provocation scandaleuse qui l'oblige à s'interroger et à défendre, ne serait-ce qu'à ses propres yeux, ses croyances fondamentales dans l'ordre du monde.

L'armature du roman policier

L'enquête, sous une forme ou une autre, existe dans presque tous les romans policiers. Cela s'explique probablement par deux raisons : il y a d'abord le personnel romanesque qu'elle met à la disposition de l'auteur et les questions fondamentales qui lui servent de motivation (la question du mal, la traversée des apparences, l'existence de la justice, l'efficacité de la loi, la responsabilité des individus…).

Et puis, l'enquête est la forme moderne qu'a prise la quête, dans un monde qui se veut scientifique et qui prétend (aspire à) fonctionner à la description objective des faits et à l'argumentation rationnelle. À la limite, l'enquête se confond avec la démarche scientifique elle-même, comme en témoignent des séries télé comme *CSI*.

❖

Paradoxalement, l'une des forces de certains romans policiers, c'est de mettre en échec cette prétention de la science selon laquelle une enquête rationnelle et méthodique permet de dévoiler la vérité. À la limite, l'enquête n'est même plus possible : on assiste simplement à la description d'une situation sans issue, dans un milieu délétère, où les personnages s'enfoncent inexorablement dans le désespoir.

Vous l'avez compris, on va parler des romans noirs.

LES ROMANS NOIRS

Dire que les romans noirs sont axés sur le criminel est à la fois vrai et faux. Il serait plus juste de dire qu'ils sont axés sur l'univers du crime et sur la violence qui le caractérise. Alors que les romans d'enquêteurs sont une remontée vers la lumière – on finit par y voir clair –, les romans noirs sont une plongée dans les profondeurs sombres du crime et de la misère humaine. La violence y est toujours une force dominante, les histoires finissent habituellement mal, les héros sont souvent aussi mal en point que leurs adversaires et le désespoir fait partie du menu quotidien.

95

L'apocalypse, quoi ! Dans toute sa banalité quotidienne.

En ce sens, le roman noir est plus « réaliste », comme l'affirme Chandler dans *The Simple Art of Murder* : il est moins abstrait, plus incarné dans la société que les romans d'énigme.

Il faut toutefois nuancer les revendications de paternité de Chandler relativement au roman noir réaliste : il prétend en effet que lui et Hammett l'ont inventé ; pourtant les romans de Simenon étaient déjà disponibles aux États-Unis, en traduction anglaise, depuis près d'une dizaine d'années quand Chandler a publié son premier roman, *The Big Sleep*.

David Loeb Goodis (*Tirez sur le pianiste, La Lune dans le caniveau*), James McCain (*Le Facteur sonne toujours deux fois*) et James Ellroy (*Le Dalhia noir*) figurent parmi les auteurs de référence du roman noir.

LES ROMANS DE DURS À CUIRE

On l'a vu, tous les enquêteurs ne sont pas des policiers. Les premiers ne l'étaient d'ailleurs pas. Ils étaient détectives privés.

De Philip Marlowe (Raymond Chandler) et Sam Spade (Dashiel Hammett) à Spenser (Robert B. Parker) et Travis McGee

(John A. MacDonald), en passant par Nameless (Bill Pronzini), Mike Hammer (Mickey Spillane), Kinsey Milhone (Sue Grafton), Matthew Hope (Ed McBain), Stan Coveleski (Maxime Houde) et Matt Scudder (Lawrence Block)… la descendance de Sherlock Holmes est abondante et continue de proliférer.

Une chose distingue ces « privés » de leur illustre ancêtre : ils jouent beaucoup plus volontiers de leurs poings que du violon. Les subtilités de la loi les embarrassent généralement peu et ils ont une nette propension à prendre des raclées et à en donner. Pour caractériser ces durs à cuire, les Anglais parlent de *hard boiled detective*. Ce sont des romans dans lesquels on cogne, on boit, on fume, on baise, on flingue, on saigne, on jure… dans l'ordre et dans le désordre.

Au fond, tout en gardant un vernis de légalité, ces privés combattent volontiers les criminels avec leurs propres armes. Par exemple, une des techniques de Spenser consiste à « faire des vagues » – autrement dit à aller interroger tous les suspects, à poser des questions importunes à tous les endroits où il ne faut pas, à lancer des rumeurs susceptibles d'affoler le coupable, à faire des déclarations provocantes dans les journaux… bref à déranger les éventuels coupables jusqu'à ce qu'ils tentent de le faire taire, soit en essayant de l'acheter, soit en le tabassant, soit en tentant de l'éliminer… ce qui les amène à se découvrir… Le meilleur ami de Spenser, qui l'assiste et veille sur lui au besoin, est un tueur à gages hyper *class*, très sélectif dans le choix de ses contrats et terriblement efficace.

Par rapport aux contraintes de la loi, ces privés font souvent preuve d'une largeur de vue qui les amène à prendre la justice dans leurs mains. Ce sont des enquêteurs, mais ce sont aussi, et parfois même d'abord, des justiciers.

LES ROMANS DE JUSTICIERS

Une des incarnations les plus remarquables de ce type de justicier qui écume les bas-fonds de la société, c'est Burke, le héros de Andrew Vachss. Défiguré, n'ayant plus d'existence officielle parce qu'officiellement mort, vivant alternativement dans un appartement désaffecté protégé comme un bunker et dans une cour de ferraille surveillée par une meute de chiens, il se spécialise dans la recherche d'enfants victimes de prédateurs sexuels et, accessoirement mais pas si accessoirement que ça, dans l'élimination desdits prédateurs sexuels.

Son entourage est à l'avenant: Prof, un cul-de-jatte de génie qui parle de façon rimée ; Max, une montagne humaine, qui est muet et dont la minuscule épouse s'occupe de réhabiliter des enfants victimes de viols et d'abus sexuels ; Mama, une Chinoise qui tient un restaurant ouvert uniquement pour quelques habitués et dont les relations sont aussi utiles que mystérieuses ; Michelle, une transsexuelle qui connaît tout du milieu de la prostitution et qui materne Clarence, le fils adoptif du Prof… Comme vous pouvez le deviner, on est loin de Combray et des jeunes filles en fleur. Pour ce qui est de l'ombre, par contre…

LES ROMANS DE PSYCHOPATHES ET DE SOCIOPATHES

Dans la deuxième moitié du XXe siècle, les héritiers de Jack l'éventreur se sont mis à proliférer. Et pas seulement dans la fiction, comme en témoignent occasionnellement les médias et plus fréquemment les archives policières. Nous nous bornerons toutefois à ceux qui sévissent dans la fiction.

Le plus connu des psychopathes est évidemment Hannibal Lecter, cannibale bien connu du public. À la suite du succès de sa carrière, de nombreux auteurs ont brodé sur ce thème du criminel qui aime son semblable lorsqu'il est bien apprêté ou dont les rituels amoureux impliquent le démembrement de l'heureuse élue.

L'ineffable Monsieur Ripley, de Patricia Highsmith, lui, est un type différent de tueur. Techniquement, il s'agit d'un sociopathe, et non d'un psychopathe. Il n'a pas « besoin » de tuer. Pour lui, le meurtre et la torture ne sont pas essentiels aux préliminaires de l'amour. Simplement, ça fait partie des moyens qu'il

utilise pour améliorer ses conditions de
vie. C'est ainsi qu'il commence son
existence en liquidant une personne
mieux nantie que lui, Tom Ripley, dont
il endosse l'identité.

Dans *5150, rue des Ormes* et *Sur
le seuil*, Patrick Senécal met en scène
des équivalents québécois de ces psychopathes qui n'ont rien à envier, en
termes de démence et de cruauté, à leurs
prédécesseurs anglophones. Il en est de
même pour *La Trace de l'escargot*, de
Benoît Bouthillette. Dans ce dernier
cas, l'enquête humaine se double d'une
enquête artistique puisque la mise en
scène des meurtres reproduit des œuvres
du peintre Francis Bacon.

LES ROMANS DE CRIMINELS

La plupart des meurtriers n'ont pas un profil aussi média-
tique. Beaucoup sont des individus ordinaires. Leur présence
dans les romans policiers est abondante.

Il existe toutefois un type de roman noir qui leur accorde
une attention particulière : l'intrigue se définit par la mise en
scène de la longue descente aux enfers d'un individu... jusqu'à
ce qu'il devienne un criminel. Toute
l'histoire s'articule autour de cette
pente fatale qui l'amène à tuer quelqu'un.

Frédéric Dard est largement connu pour ses délirants San Antonio. Ce
qu'on sait moins, c'est que, sous son
propre nom, il a écrit plusieurs dizaines
de romans très sombres, où le crime
ne survient pas au début mais aux dernières pages du roman. Tout au long
de l'histoire, au gré des décisions des
personnages et des hasards, on assiste
à l'enchaînement de circonstances qui
conduit le héros à devenir un criminel.
Le roman s'achève avec le crime.

L'atmosphère sombre de ces romans tient bien sûr à leur sujet. Souvent, aussi, elle tient au milieu dans lequel ils se déroulent. Mais, surtout, elle tient à cette mécanique inéluctable, oppressante, dans laquelle le héros apparaît piégé et qui le mène inexorablement à tuer.

Les salauds vont en enfer (1956), *Le bourreau pleure* (1956), *Le Tueur triste* (1958), *Rendez-vous chez un lâche* (1959) et *Puisque les oiseaux meurent* (1960) sont quelques-uns des titres qui illustrent bien l'atmosphère écrasante de ces œuvres.

La fabrication du criminel intéresse aussi George Simenon. Mais plutôt que d'y voir une sorte de destin inexplicable, en partie lié au hasard, il s'intéresse à la faille qu'il y a dans tout être humain et qui, les circonstances s'y prêtant, peut le faire basculer dans le crime. C'est là le sujet de tous les romans signés Simenon qui ne sont pas des

George Simenon

Maigret. Et c'est aussi ce qui obsède Maigret : quand il parle de « comprendre » les criminels, ce qui l'intéresse, c'est la faille qui a fait d'eux des criminels.

Pour qualifier ces romans de Simenon, Jean-Baptiste Baronian suggère d'employer le terme « roman gris », plutôt que roman noir. Gris à cause de l'atmosphère trouble, équivoque, irréelle dans laquelle ils se déroulent. Gris à cause du halo de clair-obscur, de pénombre qui les enveloppe. Gris à cause des petits hommes ternes, médiocres, presque sans consistance qui les peuplent[12]…

LE NÉO-POLAR

Traditionnellement, on appelait plus volontiers noirs des romans qui se déroulaient en bonne partie dans l'univers glauque des bas-fonds, où grouillaient des brutes sans morale et où proliféraient tous les vices. Autrement dit, on avait affaire aux égouts de la société, les égouts n'étant d'ailleurs pas toujours à prendre au sens figuré.

Des auteurs français plus récents (Jean-Pierre Manchette, Thierry Jonquet, Didier Daeninckx, Pierre Siniac, Jean Vautrin, Henri-Frédéric Blanc, Jean-Claude Izzo…) se sont chargés de montrer que n'importe quelle existence peut évoluer vers la perte des illusions et le désespoir, même si ce désespoir tente parfois de se noyer dans l'alcool, la bonne bouffe, la musique, les bons livres... Un exemple particulièrement frappant est la trilogie de Marseille, de Jean-Claude Izzo, (*Total Khéops, Chourmo, Solea*).

Ces auteurs ont contribué à populariser le terme de polar. D'abord à travers l'expression néo-polar, terme sous lequel on regroupait leurs œuvres ; puis, le temps effectuant son travail d'érosion, on a retenu le terme simplifié de polar.

LA COULEUR DU DÉSESPOIR

Si l'intrigue constitue en quelque sorte l'armature narrative du roman policier, le noir en signe l'atmosphère – plus ou moins sombre selon les romans. Alors que l'enquête a pour motivation un certain espoir, le noir est la couleur du désespoir. Et le comble du désespoir, c'est lorsqu'il n'y a pas d'issue, que les personnages évoluent vers la mort et que la réparation des injustices que pourrait apporter l'enquête apparaît impossible. En général, plus un roman est noir, plus il finit mal.

Noir et enquête ne s'excluent cependant pas. Plusieurs romans articulent, dans des combinaisons variables, les plongées dans la noirceur et les éclaircies qu'apporte l'enquête.

LES ROMANS DE SUSPENSE

Le suspense carbure à la victime. Plus exactement, à l'identification du lecteur à la victime. De là vient le plaisir paradoxal de ces romans où l'on se plaît à s'inquiéter, à craindre pour quelqu'un. Un des pionniers du roman de suspense est William Irish ; son intérêt pour la victime est tel qu'il escamote souvent complètement l'enquêteur, la victime devant s'occuper de l'enquête elle-même, du mieux qu'elle le peut.

Dans ce type de roman, le lecteur n'est pas préoccupé par l'élucidation des circonstances mystérieuses ou cachées d'un crime : il se soucie de ce qui risque d'arriver – et qui a toutes les chances d'arriver – à la victime potentielle. (Ou encore, comme dans les romans de tueurs en série, à toute une série de victimes, l'une après l'autre.)

Comme le souligne Norbert Spehner, « dans le roman de détection, l'enquêteur cherche à reconstituer des événements auxquels le lecteur n'a pas participé, alors que dans le suspense, tout se passe plutôt en direct[13] ».

Des auteurs bien connus de ce type de roman sont Robert Bloch (*Psychose*), Mary Higgins Clark (*La Nuit du renard*) et Boileau-Narcejac (*Celle qui n'était plus*).

Mais prenons un autre exemple : un groupe d'hommes est poursuivi d'un pays à l'autre par un ennemi impitoyable, qui a décidé de les faire souffrir et de les tuer. Tous. L'histoire est un enchaînement de péripéties au cours desquelles ces hommes sont progressivement éliminés par leur ennemi. À la fin, un seul réussit à survivre... Ulysse.

J'en conviens, *L'Odyssée* d'Homère est rarement présentée de cette façon. Mais la structure narrative de l'histoire, la tension dramatique qu'elle induit, repose très clairement sur la mécanique narrative du suspense... D'autant plus qu'un second suspense renforce le premier ; il porte sur l'atteinte des objectifs que poursuit le héros : réussira-t-il à regagner Ithaque ? à reprendre possession de son trône ?... À l'intérieur de ce deuxième suspense, il y en a même un troisième : pendant combien de temps encore Pénélope réussira-t-elle à tenir les prétendants à distance ? à retarder le moment de choisir un successeur à Ulysse ?

On pourrait aussi découvrir certains éléments de « noir » dans *L'Odyssée*, ne serait-ce que le côté quelque peu *gore* de certains carnages... ou encore quand Ulysse défonce l'œil du cyclope avec un pieu. Mais le vrai récit noir d'Homère, c'est *L'Iliade* : à la fin, Troie est détruite, les plus grands héros sont morts, les habitants sont massacrés ou emmenés en esclavage et le poète médite sur les ravages que produit la folie des passions humaines.

Pour en revenir au suspense, on peut noter que c'est un type de roman moins répandu que ses cousins, le roman noir et le roman d'enquête. On le retrouve surtout comme composante des autres romans policiers. Par ailleurs, deux genres apparentés au roman policier reposent en bonne partie sur l'utilisation du *suspense* : le thriller et le roman d'horreur.

LE ROMAN D'HORREUR

L'horreur ne se réduit pas au suspense, mais le lien entre les deux est organique : on n'imagine pas un roman d'horreur qui laisse le lecteur serein et joyeux. Ce dernier doit sans cesse se préoccuper du sort des victimes potentielles pour lesquelles le pire est continuellement à craindre.

S'il fallait trouver une différence entre suspense et horreur, on pourrait dire que le suspense exige que le lecteur ait peur tandis que le récit d'horreur provoque chez lui plus que la peur : l'angoisse. Dans un cas, on a peur de quelque chose de connu, d'un danger déterminé ; dans l'autre, on craint l'inconnu, « l'innommable ».

Par ailleurs, l'horreur a souvent recours à des monstres, à des morts vivants, à des fantômes et à différentes choses de cette sorte pour établir la tension...

Les œuvres de Stephen King constituent certainement l'exemple le plus connu de romans d'horreur qui utilisent le suspense. Il existe également un courant du roman d'horreur qui, sans négliger nécessairement le suspense, utilise ce qu'on pourrait appeler « l'insoutenable » au moyen de descriptions particulièrement *gore*. Clive Barker représente bien ce courant, avec *Les Livres de sang* et *Hellbound Heart*, dont il tirera le scénario de *Hellraiser*.

Au Québec, il est difficile de ne pas mentionner *Les Sept Jours du talion*, de Patrick Senécal, où l'on voit un chirurgien enlever et torturer méticuleusement l'homme qui a violé et assassiné sa fille de sept ans.

Le *suspense*, pour sa part, se limite habituellement à la mise en scène de menaces qui sont confinées au monde

réel (celui qui fait l'objet d'un consensus minimal entre nous)....
Le héros va-t-il parvenir à libérer la victime qui est attachée sur
les rails avant que le train arrive ? La bombe pourra-t-elle être
désamorcée à temps ? Le héros trouvera-t-il l'antidote avant que
le poison qu'on lui a inoculé fasse effet ?

Ça, c'est pour la théorie.

En pratique, la nuance n'est pas toujours facile à établir entre
horreur et suspense. Par exemple, l'une des recettes du suspense
consiste à garder la menace « invisible », en laissant la victime dans
l'ignorance du danger exact qui la menace : lequel des membres
de son entourage veut la tuer ?... Comment ceux qui ont décidé
de la tuer vont-ils procéder ?...

Cette occultation de la nature exacte de la menace est sus-
ceptible de provoquer chez le lecteur une réaction qui s'apparente
davantage à l'angoisse suscitée par le récit d'horreur. On pourrait dire que « l'inconnu » qu'affronte la victime se situe alors à
mi-chemin entre la menace connue du suspense classique et la
menace totalement inconnue – ou même inconnaissable – du
roman d'horreur.

LE THRILLER

Le *thriller*, lui, met en scène une logique de course contre la
montre, dont la série *24 heures chrono* est l'incarnation caricaturale.
Sans arrêt, le lecteur doit craindre pour la vie du héros, qui est
sans cesse menacée par de nouveaux dangers, ainsi que pour
l'atteinte du but que le héros s'est fixé. L'un des maîtres du genre
est Ludlum, qui a eu l'adresse de fusionner le héros et la victime
dans un même personnage, celui de Jason Bourne.

Bénéfice accessoire de cette fusion : cela permet à l'auteur
de mettre en scène un personnage ordinaire, peu ou pas préparé à
devenir un héros, et qui le devient progressivement malgré lui, par
la force des circonstances (et des coups de main de l'écrivain-
scénariste) –, ce qui reproduit le canevas typique de la démarche
initiatique du héros[14].

Dans sa version mondialisée, le thriller se mue en roman
d'intrigue internationale et intègre souvent des éléments du polar
classique (l'enquête, la recherche d'indices, les hypothèses...),
de l'espionnage (des enjeux planétaires de nature politique, financière, religieuse ou terroriste...) et du roman documentaire
(les nouvelles technologies mises au point par la science). C'est

notamment le cas de mes propres romans, particulièrement ceux de la série des *Gestionnaires de l'Apocalypse* (*La Chair disparue*, *L'Argent du monde*, *Le Bien des autres*), dans lesquels l'intrigue se déroule d'emblée sur la planète, même si le Québec se voit réserver une part significative de l'action.

La Trajectoire du pion, de Michel Jobin, *L'Agence Kavongo*, de Camille Bouchard, ainsi que les deux romans de Mario Bolduc, *Cachemire* et *Tsiganes*, sont d'autres œuvres significatives de cette fusion du polar et de l'espionnage.

Dans *Opération Iskra*, de Lionel Noël, une dimension historique se superpose à la fusion polar-espionnage, puisque l'action se déroule au moment de la Conférence de Québec, pendant la Deuxième Guerre mondiale.

❖

Alors, qu'en est-il de nos trois types ? Plus on les fréquente, plus on est amené à constater que ce ne sont pas vraiment des types. Pas même des familles. Ce sont plutôt des aspects complémentaires du polar.

Le roman policier axé sur l'enquête mettrait surtout en valeur l'armature narrative du polar ; le noir caractériserait la couleur émotive et philosophique de l'univers social qui est mis en scène (de l'espoir de changement au désespoir le plus sombre) ; quant au suspense, il mesurerait le registre émotif de l'implication du lecteur (du détachement amusé à la terreur).

Tous ces ingrédients peuvent évidemment se combiner de toutes les façons, dans toutes les proportions. Dès lors, on voit l'illusion qu'il y aurait à vouloir dresser l'arbre généalogique du polar, avec des filiations bien nettes et des catégories bien déterminées.

Son modèle de développement tient davantage de la prolifération « rhizomatique » et du métissage tous azimuts !

LA CONTAMINATION POLAR

Aujourd'hui, le polar prolifère. Cette prolifération s'effectue sous le triple mode de la mutation, du métissage et de la contagion épidémique.

LES AVATARS DU POLAR

Pour simplifier, on peut définir quatre types de mutations ; elles affectent respectivement l'enquêteur, le criminel, le lieu du crime et l'époque où se déroulent les événements.

L'enquêteur polymorphe

Une première mutation affecte le personnage de l'enquêteur. Nous avons déjà évoqué un certain nombre de mutations qui ont engendré différents types de romans policiers. L'époque récente les a vus se multiplier.

Le personnage de l'enquêteur devient avocat dans le roman judiciaire (Erle Stanley Gardner, John Grisham), médecin légiste dans le roman médico-légal (Patricia Cornwell, Kathy Reichs), médecin dans le thriller médical (Robin Cook)… On a aussi des romans où l'enquêteur est une chasseuse de primes (Janet Evanovich), un antiquaire autrefois major dans les services secrets (André Jacques), une journaliste (Edna Buchanan), un photographe de presse (Robert Malacci), un ancien assassin des services secrets (Deon Meyer), un moine bouddhiste (Eliot Pattison) ou un prêtre (Chesterton)… Cette énumération n'est évidemment pas exhaustive.

105

Les nouveaux criminels bien élevés

Une deuxième mutation affecte le personnage du criminel. Les criminels deviennent des dirigeants d'entreprises, des banquiers, des avocats, des marchands d'art, des politiciens, des dirigeants religieux… ou des savants fous.

On a aussi vu les individus être remplacés par des organisations : mafias, multinationales sans scrupules, organisations politiques, États voyous, sociétés occultes…

Un trait récurrent de ces nouveaux criminels est la mégalomanie… comme si le polar prenait acte du délire dominant de notre époque : le narcissisme, à la fois dans ses dimensions individuelle et collective.

Le crime mondialisé

Une troisième mutation affecte le lieu. On a maintenant des séries de romans policiers qui constituent une initiation à la vie quotidienne des Italiens (Donna Leone), des Portugais (Robert Wilson), des Espagnols (Manuel Vasquez Montalban), des Navajos (Tony Hillerman), des Tibétains (Eliot Pattison), des Sud-Africains

(Deon Meyer), des Suédois (Henning Mankell), des Siciliens (Andrea Camilleri) ou des Japonais (Seicho Matsumoto)...

L'Ouest américain est également une terre d'accueil privilégiée pour la structure du roman policier. De nombreux westerns sont nettement des romans policiers qui se déroulent dans le mythique Far-West.

On peut voir ici la distinction que souligne Norbert Spehner entre les westerns épiques, articulés autour de l'opposition cowboys-Indiens, et les westerns policiers, dont la trame narrative s'articule autour de la lutte contre des « bandits » [15]. Un schéma classique de western policier est le suivant : un justicier arrive dans une ville corrompue ; il lutte contre les bandits pour nettoyer la ville et rétablir l'ordre ; une fois l'ordre rétabli, il s'en va : son travail est terminé.

Lucky Luke serait l'expression squelettique et dédramatisée de ce type de western policier. À la dernière case, le *lonesome cowboy* repart, seul, vers de nouvelles aventures. Une version hollywoodienne et mondialisée de ce héros solitaire : James Bond.

Petite parenthèse : si on sort du roman un moment pour s'intéresser aux séries télévisées, la série *Hulk* était construite sur le même principe que ces westerns : au début, Bruce Banner a sa personnalité normale ; puis quelqu'un brise l'ordre des choses : ça peut être un vol, un meurtre, un chantage... ; Bruce Banner s'interpose alors, devient Hulk, lutte contre les fauteurs de désordre (les forces du mal) et rétablit l'ordre ; une fois l'ordre rétabli, *exit* le héros vert, on n'a plus besoin de lui, il redevient Bruce Banner.

Difficile de ne pas voir la similitude avec le schéma du *lonesome cowboy*... ou avec les personnages de Superman, de Batman, de Spiderman... tous ces *men in thighs* qui ont fait les beaux jours des *comics*.

Le crime à la conquête du temps

Une quatrième mutation affecte le temps. L'enquête peut se dérouler dans un monastère du Moyen-Âge (Umberto Eco), dans la Chine impériale du VIIe siècle (Van Gulik), dans le Montréal des années 40 (Maxime Houde), dans la Rome du premier siècle avant Jésus-Christ (Steven Saylor), dans le pays de Galles du XIIᵉ siècle (Ellis Peters), dans l'Égypte ancienne (Anton Gill)... Elle peut même se situer dans la cité athénienne, avec Aristote dans le rôle de l'enquêteur (Margaret Doody)!

Toutes ces mutations nous amènent au second processus de prolifération : l'hybridation.

LES BÂTARDS DU POLAR

Au cours de sa brève histoire, le roman policier a démontré une grande aptitude à s'hybrider avec d'autres types de littérature, notamment avec le roman d'espionnage et le roman de science-fiction.

LES ENQUÊTEURS PLANÉTAIRES

Le roman d'espionnage classique met en scène des espions appartenant à des pays, qui combattent contre des ennemis identifiés : CIA contre KGB, par exemple.

Aujourd'hui, ce roman d'espionnage classique s'est raréfié. Les multinationales, les organisations terroristes, les États voyous, les sectes et les groupes politiques ont pris la relève dans le rôle de super méchants. Les intrigues sont encore internationales, mais elles ont maintenant des ramifications économiques, scientifiques, idéologiques, politiques et religieuses qui s'entrecroisent... quand ce n'est pas carrément l'avenir complet de la planète qui est menacé.

Dans ces histoires, toutes sortes d'enquêteurs doivent prendre la relève des espions traditionnels, qui étaient plutôt du type *hard-boiled detective* et dont les seuls poings ou le flingue ne sont pas nécessairement efficaces contre la nouvelle criminalité : réseaux mafieux qui couvrent la planète, pirates informatiques, terroristes manipulant des armes biologiques...

Les nouveaux enquêteurs peuvent être des journalistes, des savants, des médecins, des experts financiers, des historiens, des informaticiens – ou simplement des victimes récalcitrantes – qui poursuivent leur enquête avec l'aide ou, souvent, en dépit des polices officielles.

Les romans policiers, pour leur part, peuvent intégrer des éléments d'intrigue internationale, notamment lorsque les enquêteurs affrontent des terroristes ou des trafiquants qui opèrent à l'échelle de la planète ; lorsqu'ils sont aux prises avec des réseaux de trafic de drogue, d'organes, d'enfants, d'œuvres d'art ou d'espèces en voie de disparition ; et que, au cours de leur enquête, ils doivent subir les interférences des agences de renseignements de divers pays. À titre d'exemple, on peut mentionner *La Lionne blanche*, de Henning Mankell, et *Badal*, de Jacques Bissonnette.

LES ENQUÊTEURS GALACTIQUES

Le roman policier emprunte facilement des éléments à la science-fiction – par exemple en reconvertissant le savant fou en artiste fou ou en faisant voyager son détective dans le temps.

À l'inverse, la structure de l'enquête policière peut être transposée dans une œuvre de science-fiction. On peut citer les deux romans d'Asimov (*Les Cavernes d'acier, Face aux feux du soleil*) dont l'enquêteur est un robot, et celui de Philip K. Dick (*Les androïdes rêvent-ils de moutons électriques ?*), où c'est un répliquant qui mène l'enquête ; Harry Harrison (*Soleil vert*) et Poul Anderson (*La Patrouille du temps*) sont des auteurs qui ont également utilisé l'enquête policière dans un contexte de science-fiction.

LES ENQUÊTEURS « LITTÉRAIRES »

On peut d'abord observer qu'il y a eu, au cours du dernier siècle, un souci de l'écriture grandissant de la part des auteurs de polars, notamment à partir de l'école du néo-polar. L'institution littéraire en a d'ailleurs pris note. Deux événements en témoignent : l'entrée de Simenon à La Pléiade et le passage d'écrivains de polars à la collection blanche de Gallimard (Manchette, Pennac, Dantec...).

Même la littérature dite « littéraire » se laisse contaminer, intégrant des canevas, des motifs, des thèmes du roman policier.

En fait, on assiste à une hybridation de plus en plus généralisée des « genres ». Ainsi, on peut retrouver, dans un même roman, une enquête de type policier, des éléments qui relèvent

de la science-fiction, une intrigue internationale politico-économique, des éléments qui relèvent du roman documentaire, d'autres qui tiennent à l'analyse psychologique… sans oublier les descriptions ethnologiques et les enjeux collectifs du roman social…

Cette hybridation est sans doute la principale caractéristique de tous les romanciers qui intègrent à la structure de l'intrigue internationale des enjeux scientifiques (Michael Crichton), politiques (John Le Carré, Frederic Forsyth), économiques et financiers (Gerald A. Browne, Stephen Frey) ou même théologiques (Dan Brown, Greg Iles).

Il en va de même pour mes propres romans. On y trouve des éléments policiers, documentaires, financiers, de critique sociale et d'intrigues internationales qui s'articulent autour d'enjeux globaux du type de ceux que l'on rencontre volontiers dans la science-fiction.

Nous reviendrons plus loin sur ce processus d'hybridation. Ce qu'on peut quand même noter pour l'instant, c'est que les deux domaines où le roman policier s'hybride le plus volontiers sont liés à une certaine forme de mondialisation : d'une part, dans le thriller international, les espions se transforment en enquêteurs planétaires préoccupés d'enjeux globaux ; d'autre part, la science-fiction a toujours été animée par deux questions concernant l'ensemble de l'humanité : la définition de l'humain et l'avenir de l'espèce humaine.

LA PLANÈTE POLAR

Un troisième processus de prolifération est géographique. Le roman policier est parti à la conquête de la planète. Il s'y répand sur le mode du rhizome, poussant ici et là de façon plus ou moins anarchique, chaque nouveau lieu de prolifération se développant en partie de façon autonome, en partie sous l'influence des autres sites de prolifération avec lesquels il entre en contact.

Pour décrire le développement mondial du polar, on pourrait également utiliser la métaphore de l'épidémie et des foyers d'infection, avec les souches qui mutent, qui s'hybrident…

DES ROMANS APATRIDES...

Désormais, on trouve facilement des enquêteurs japonais, portugais, allemands, russes, écossais, italiens, anglais, suédois... et même québécois. Certains sont alors tentés de parler de roman policier suédois, italien ou japonais, comme s'il s'agissait de catégories de roman policier.

D'un point de vue commercial, ce type de classification est avantageux, car il permet de multiplier les « nouveautés » qu'il est possible de mettre simultanément sur le marché tout en continuant de prétendre, pour chaque titre, que l'auteur est le meilleur : le meilleur auteur britannique, le meilleur auteur écossais, le meilleur auteur suédois...

Sauf que la réalité est différente, puisqu'une partie de ces enquêteurs a des paternités étrangères : le juge Ti a un père hollandais (van Gulik), Poirot a une mère britannique (Agatha Christie), Brunetti a une mère américaine (Donna Leon)... Et que dire des romans dont les enquêteurs sont des animaux ?

DES ROMANS UNIVERSELS

110   Si l'on cherche une raison à cette prolifération planétaire, il faut probablement regarder du côté de l'universalité du roman policier. Universalité qui tient au moins à deux ordres de raisons.

D'une part, par sa structure, le polar modernise les histoires de quête qui sont à la base de toutes les épopées en les adaptant à un monde où la rationalité scientifique est dominante. La quête devient une enquête et la chaîne des événements est rationalisée ; la force physique est remplacée par la force intellectuelle et les ressources de la science ; le monde souterrain des monstres et des démons est remplacé par celui des bas-fonds, des mafias et des tueurs en série ; le monde des super riches et des grandes organisations mondiales prend la relève du monde supérieur des dieux capricieux et tyranniques ; le héros s'individualise...

D'autre part, le polar continue de mettre en scène les grandes questions qui préoccupent les humains : l'existence du mal et les ratés de la justice, l'impuissance des individus devant les puissances qui le dominent, la responsabilité des individus, l'introduction d'un ordre plus humain dans la société...

❖

Tout cela – cette représentation de l'existence humaine sous la forme d'une quête, cette mise en scène des questions fondamentales de l'humanité –, on l'associe volontiers à la littérature. À la vraie... D'où certains soubresauts occasionnels de soutanes littéraires quand on associe ces thèmes au polar.

Le polar serait-il de la vraie littérature ? Pourrait-il jouer un autre rôle que celui de repoussoir pour les œuvres vraiment littéraires ?

À suivre...

Notes

1   Les quelques exemples qui suivent sont extraits, en bonne partie, d'un article antérieur (« De pire empire », *Alibis* 25, hiver 2008).

2   Norbert Spehner, *Scènes de crimes*, Lévis, Alire, 2007, p. 5-6.

3   Les exemples de cette sous-section sont présentés de façon condensée dans Claude Aziza et Anne Rey, *La Littérature policière*, Pocket, 2003. 269 p.

4   Il est intéressant de savoir que les écrivains de l'époque étaient fascinés par Fenimore Cooper (*Le Dernier des Mohicans*) et qu'ils concevaient leurs truands comme des équivalents urbains des « Apaches » et autres Indiens qui peuplaient leur Amérique imaginaire. Le terme est alors passé dans l'usage et, un peu plus tard, on parlait de « romans d'apaches » pour caractériser les œuvres de Francis Carco.

5   Edgar Allan Poe, *Double Assassinat dans la rue Morgue*, *La Lettre volée* et *Le Mystère de Marie Roget* (dans) « Prose », Paris, Gallimard, Pléiade. p. 19-56, p. 57-76 et p. 829-881.

6   Pour une présentation plus détaillée des romans et nouvelles de Conan Doyle mettant en scène Sherlock Holmes, ainsi que du personnage lui-même de Holmes, voir : Jean-Jacques Pelletier, « Les Trois vies de Sherlock Holmes » in *Alibis* 1, p. 93-121 ; 2, p. 113-140 ; 3, p. 93-109.

7   Voir : Edmond Locart, « La Méthode policière de Sherlock Holmes », (dans) *Policiers de roman et de laboratoire*, Paris, Payot, 1924.

8   Conan Doyle, « La véritable histoire de Sherlock Holmes », (dans) *Sherlock Holmes*, coll. Bouquins, II, 1044.

9   *Le Monde perdu* (1912), *La Machine à désintégrer* (1927), *Quand la terre hurla* (1928)...

10   Faut-il vraiment s'en surprendre ? N'est-ce pas la norme que, pour réussir à emprisonner la réalité derrière les grilles d'une analyse et la faire entrer dans les cases prévues, il soit nécessaire de la mutiler, ou même de l'assassiner ?

11 L'expression « roman de détection » est aussi utilisée, notamment pour parler des enquêtes de Sherlock Holmes. On peut se demander si c'est parce que ces enquêteurs sont des professionnels de la « détection » d'indices ou si c'est parce qu'ils sont vus comme des sortes de détecteurs de mensonge ambulants, qui passent les témoignages au crible pour « détecter » la vérité.

12 Jean Baptiste Baronian, *Simenon ou le roman gris*, Paris, Textuel, 2002, p. 20, 38, 71, 101, 123.

13 Norbert Spehner, *Scènes de crimes*, Lévis, Alire, 2007, p. 12-13.

14 Rappelons que, sur le plan mythique, le héros est cet individu comme les autres qui n'est pas comme les autres. Il est assez comme les autres pour qu'on puisse s'y identifier, mais assez différent pour pouvoir être pris comme modèle. Tout au long de son aventure extérieure, au terme de laquelle il va rétablir un certain ordre dans l'univers, il vit une aventure intérieure qui l'amène à surmonter ses limites, ses lacunes, pour parvenir finalement à un niveau supérieur de développement personnel.

15 Norbert Spehner, *Scènes de crimes*, Lévis, Alire, 2007, p. 163-177.

Naviguant entre les mondes de la philosophie et de la gestion financière, de l'enseignement et de la littérature, Jean-Jacques Pelletier est un des rares auteurs de thrillers du Québec. Entre deux romans substantiels comme *L'Argent du monde* ou *Le Bien des autres* (Alire), il trouve le temps d'écrire des nouvelles, presque toutes marquées au coin de l'ironie surréaliste (voir *Alibis* 28), et des essais qui lui permettent de jeter un regard différent sur la réalité qui nous entoure. Ses lecteurs seront heureux d'apprendre que *La Faim de la Terre*, volume final des « Gestionnaires de l'apocalypse », paraîtra à l'automne 2009.

Photo : Éric Piché

Le Crime en vitrine

NORBERT SPEHNER

En raison de sa périodicité trimestrielle, de sa formule et de son nombre restreint de collaborateurs, la revue *Alibis* ne peut couvrir l'ensemble de la production de romans policiers, soit plusieurs dizaines de titres tous les mois. Cette rubrique propose donc de présenter un certain nombre de livres disponibles en librairie au moment de la parution du numéro. Il ne s'agit pas ici de recensions critiques, mais strictement d'informations basées sur les communiqués de presse ou les 4es de couverture des volumes. Enfin, il est utile de préciser que ne sont pas présentés ici les livres dont nous traitons dans nos articles et rubriques critiques du présent numéro.

ALTEN, Steve
La Conspiration de l'or noir
Paris, City, 2008, 512 pages.
Éd. or.: **The Shell Game**, 2008.

Un projet d'attentat nucléaire contre une ville américaine, attentat orchestré par la CIA, a pour but d'accuser les islamistes et ainsi justifier la mainmise sur les ressources pétrolières du Moyen-Orient.

ATKINS, Ace
Tampa Confidential
Paris, Le Masque, 2008, 378 pages.
Éd. or.: **White Shadow**, 2006.

Tampa, Floride, 1955. L'assassinat brutal de Charlie Wall, un ancien caïd qui coulait une retraite paisible, déclenche une chasse impitoyable. Avec en caméo George Raft, Fidel Castro et autres figures de légende.

BOUIN, Philippe
Comptine en plomb
Paris, L'Archipel (Thriller), 2008, 324 pages.

Le commissaire Achille Gallois enquête sur une série de meurtres à la campagne, dans une atmosphère à la Chabrol. Le flic se heurte à la mesquinerie des notables locaux.

BOX, C. J.
Meurtres en bleu marine
Paris, Seuil (Policiers), 2008, 384 pages.
Éd. or.: **Blue Heaven**, 2007.

Deux enfants voient quatre hommes en assassiner un cinquième. Ce sont des flics… Ce nouveau polar de Box ne fait pas partie de la série Joe Pickett.

BRUEN, Ken
R & B Vixen
Paris, Gallimard (Série Noire), 2008, 188 pages.
Éd. or.: idem, 2003.
Les inspecteurs Roberts et Brant sont aux prises avec La Renarde, décrite comme étant « la plus sensuelle et la plus folle tueuse en série de tous les temps » !

BUCHANAN, Edna
Des cadavres dans les placards
Paris, Payot (Suspense), 2008, 312 pages.
Éd. or.: **Cold Case Squad**, 2004.
La brigade des affaires non résolues est de retour. Le lieutenant K. C. Riley enquête sur un ex-mari réputé mort depuis dix ans qui a refait surface, tandis que l'inspecteur Sam Stone traque un *serial killer* qui tue des vieilles dames.

CHESTERTON, Gilbert Keith
Les Enquêtes du Père Brown
Paris, Omnibus, 2008, 1204 pages.
Cette édition, postfacée par le défunt Francis Lacassin, regroupe les cinquante nouvelles parues en recueils dans une traduction nouvelle ou révisée, ainsi que trois histoires inédites et deux articles de Chesterton sur le roman policier.

COBEN, Harlan
Mauvaise Base
Paris, Fleuve noir, 2008, 380 pages.
Éd. or.: **The Final Detail**, 1999.
Myron Bolitar tente de prouver l'innocence d'Ezperanza, accusée d'avoir assassiné une star du base-ball sur le déclin. Mais elle ne veut pas de son aide…

CONNOLLY, John
La Proie des ombres
Paris, Presses de la Cité (Sang d'encre), 2008, 444 pages.
Éd. or.: **The Unquiet**, 2007.
Le détective privé Charlie Parker (ça ne s'invente pas…) est sur les traces d'un psychiatre de renom disparu depuis cinq ans à cause d'une affaire d'abus sexuels sur des mineurs.

COOK, Robin
État critique
Paris, Albin Michel, 2008, 474 pages.
Éd. or.: **Critical**, 2007.
Un autre thriller médical, par le maître incontesté du genre, dans lequel il est question de business, de médecine et d'argent sale. Que vaut une vie humaine contre un paquet d'actions ?

CRUZ SMITH, Martin
Le Spectre de Staline
Paris, Seuil (Thrillers), 2008, 340 pages.
Cette sixième enquête du commissaire russe Arkady Renko a pour toile de fond la guerre en Tchéchénie et ses conséquences sur la société russe moderne. Très intéressant !
Avec en caméo le fantôme de Staline…

DE CATALDO, Giancarlo
La Saison des massacres
Paris, Métailié (Métailié noir), 2008, 296 pages.
Éd. or.: **Nelle mani giuste**, 2007.

« Gian de Cataldo nous livre ici une nouvelle tranche de l'histoire secrète de l'Italie contemporaine [...] et donne aux attentats qui ensanglantèrent le pays en 1992-1993 des coulisses d'une effrayante vraisemblance ».

DELISLE, Roger
La Sanction
Paris, Thélès, 2008, 356 pages.

Polar québécois. Paul Bouchard, un policier à la retraite, se lance à la poursuite de Roby O'Sawin qui a fui la scène du meurtre de son copain, en Floride.

D'LACEY, Joseph
Les Bouchers de Dieu
Paris, First (Thriller), 2008, 416 pages.
Éd. or.: **Meat**, 2008.

Richard Shanti a un problème : il est végétarien dans une ville d'abattoirs où tout le monde est accro à la viande. Mais que se passe-t-il juste derrière les portes des chambres froides ?

EDDY, Paul
La Revanche de Flint
Paris, Robert Laffont (Best-sellers), 2008, 568 pages.
Éd. or.: **Flint's Code**, 2006.

Troisième volet des aventures de Grace Flint qui endosse une fausse identité pour pénétrer au cœur d'une mafia tentaculaire.

ELLORY, R. J.
Seul le silence
Paris, Sonatine, 2008, 500 pages.
Éd. or.: **A Quiet Belief in Angels**, 2007.

Joseph Vaughan, écrivain à succès, se lance dans une enquête dangereuse afin de démasquer un tueur d'enfants dans l'ombre duquel il vit depuis son enfance.

FLOYD, Bill
J'ai épousé un serial killer
Paris, Payot (Suspense), 2008, 220 pages.
Éd. or.: **The Killer's Wife**, 2008.

Premier roman. Épouse d'un *serial killer* qui attend son exécution, Nina Mosley tente de refaire sa vie. Mais voilà que se manifeste un imitateur dont les cibles sont toutes liées à Nina.

FOLSOM, Allan
Le Complot Machiavel
Paris, L'Archipel, 2008, 526 pages.
Éd. or.: **The Machiavelli Covenant**, 2006.

Grâce à un manuscrit secret de Machiavel, une société secrète veut dominer le monde et fait pression sur le président américain pour qu'il fasse assassiner certains chefs d'état européens. Mais le président refuse… Machiavélique !

FYFIELD, Frances
Petits Jeux avec le feu
Paris, Presses de la Cité (Sang d'encre), 2008, 282 pages.
Éd. or.: *Safer than Houses*, 2005.

Suspense psychologique. Sarah Fortune est aux prises avec un inconnu bien décidé à faire de sa vie un enfer. Il va jusqu'à engager un pyromane pour réduire son existence en cendres…

GAGNÉ, Jean-Jacques
Jézabel
Boisbriand, Pratiko, 2008, 428 pages.

À Montréal, en 1964, un garçon de dix-sept ans tombe amoureux fou de la femme de son professeur d'anglais. Descente aux enfers garantie…

GUITTARI, Michelle
La Loge des innocents
Paris, Albin Michel (Special Suspense), 2008, 432 pages.
Éd. or.: *La loggia degli innocenti*, 2004.

Deuxième enquête du commissaire Ferrara, chef de la brigade criminelle de Florence dont les agissements gênent les membres d'une étrange loge maçonnique.

HALL, Karen
L'Empreinte du Diable
Paris, L'Archipel (Archipoche), 2008, 636 pages.
Éd. or.: *Dark Debts*, 1996. Réédition, L'Archipel, 1998.

Thriller fantastique.

HAWKE, Richard
Froid est l'enfer
Paris, City, 2008, 430 pages
Éd. or.: *Cold Day in Hell*, 2007.

À New York, au cœur de l'hiver, le détective Fritz Malone doit déjouer les manœuvres d'un assassin au sang-froid diabolique qui tue des jeunes femmes.

HEWSON, David
L'Héritage vénitien
Paris, Le Cherche Midi, 2008, 600 pages.
Éd. or.: *Lucifer's Shadow*, 2004.

Thriller historique dont l'action se passe en 1733 à Venise, et en 2001, et qui mêle suspense et érudition à travers l'histoire religieuse et artistique de la ville aux multiples canaux.

HUNTER, Stephen
Le 47e Samourai
Paris & Monaco, Du Rocher (Thriller), 2008, 392 pages.
Éd. or.: *The 47th Samourai*, 2007.

Bob Lee Swagger coule une retraite paisible quand il reçoit la visite d'un Japonais porteur d'une étrange requête. Décidé à lui venir en aide, Swagger est plongé dans une aventure périlleuse dans les bas-fonds de Tokyo.

KALLIFATIDES, Theodor
Juste un crime
Paris, Rivages (Thriller), 2008, 264 pages.
Éd. or.: *Ett Enkett Brott*, 2000.

Polar suédois. À Stockholm, Kristina Vendel, jeune chef de la police locale, enquête sur le meurtre d'une jeune femme assassinée par balles. Or, aucune disparition n'a été signalée. La vérité est à la fois simple et inattendue.

KELLERMAN, Jonathan
Fureur assassine
Paris, Seuil (Policiers), 2008, 410 pages.
Éd. or.: *Rage*, 2005.

Une fois de plus, le psychologue Alex Delaware et l'inspecteur Milo Sturigs vont unir leurs efforts pour résoudre un infanticide et cerner un monstre qui sévit encore.

KHOURY, Raymond
Eternalis
Paris, Presses de la Cité, 2008, 446 pages.
Éd. or.: *The Sanctuary*, 2007.

Un codex orné d'un ouroboros (le serpent qui se mord la queue) est lié à une série de crimes perpétrés en Irak. Le secret du codex suscite des convoitises mortelles...

LAZURE, Jacques
Vargöld
Montréal, VLB, 2008, 432 pages.

L'éditeur affirme que ce roman d'épouvante tient à la fois du roman policier et du fantastique et qu'il s'inscrit dans une « américanité » digne des Stephen King et Anne Rice. Faut-il le croire?

LINDSAY, Jeff
Les Démons de Dexter
Paris, Michel Lafon, 2008, 322 pages.
Éd. or.: *Dexter in the Dark*, 2008.

Troisième apparition de Dexter, le tueur en série atypique qui a inspiré une série télévisée. À la suite d'un double homicide commis sur le campus de l'université, Dexter perd sa voix intérieure, le Passager noir, qui l'aidait à identifier les assassins.

LINK, Charlotte
Le Poids du passé
Paris, Presses de la Cité, 2008, 491 pages.
Éd. or.: *Das Echo der Schuld*, 2006.

Polar psychologique. Virginia, qui demeure dans une maison isolée de Norfolk, vient au secours de Nathan auquel elle se confie au fil des jours. Mais quand la fille de Virginia disparaît, Nathan devient un suspect.

LUDLUM, Robert & Patrick LARKIN
Le Vecteur Moscou
Paris, Grasset (Thriller), 2008, 454 pages.
Éd. or.: *The Moscow Vector*, 2005.

Ce roman d'espionnage fait partie de la série « Réseau Bouclier ». Les membres du réseau doivent empêcher les dirigeants autoritaires de la Russie de reconstituer leur empire.

LUTZ, Lisa
Les Spellman se déchaînent
Paris, Albin Michel, 2008, 460 pages.
Éd. or.: *Curse of the Spellmans*, 2008.

Les nouvelles aventures déjantées et hilarantes d'Izzy Spellman et de la famille la plus cinglée de San Francisco.

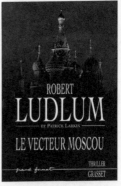

MALACCI, Robert
La Belle au gant noir
Lévis, Alire (Roman 118), 2008, 242 pages.

Réédition (révisée) de la première enquête de Robert Malacci parue en 1994 dans la collection Sextant (Québec Amérique).

MALACCI, Robert
Les Filles du juge
Lévis, Alire (Roman 119), 2008, 244 pages.

Réédition (complètement remaniée) de la deuxième enquête de Robert Malacci parue en 1995 dans la collection Sextant (Québec Amérique).

MARQUET, Denis & Elisabeth BARRIÈRE
Mortelle Éternité
Paris, Albin Michel, 2008, 368 pages.

Un thriller à l'américaine, qui jongle avec le paranormal, et mettant en vedette un flic de New York qui enquête sur la mort d'une scientifique qui le guide peut-être depuis l'au-delà.

McBRIDE, Stuart
Mortelle Écosse
Paris, Michel Lafon, 2008, 392 pages.
Éd. or.: *Dying Light*, 2007.

Polar écossais. Deuxième enquête de l'inspecteur chef Logan McRare (après *Cold Granite*) qui hérite de deux affaires foireuses: l'incendie criminel d'un squat et l'assassinat d'une prostituée. Du tartan noir!

MONTANARI, Richard
Funérailles
Paris, Le Cherche Midi, 2008, 466 pages.
Éd. or.: *Merciless*, 2007.

Les inspecteurs Byrne et Balzano, dont c'est ici la troisième enquête, sont sur les traces d'un tueur terrifiant, hanté par les contes de fées.

MORLAY, Frédérique
Bienvenue à Murderland
Paris, Albin Michel, 2008, 248 pages.

Meurtres dans l'univers fascinant des jeux virtuels. Si vous ouvrez ce livre, nous disent-ils, vous n'oserez jamais plus allumer votre ordinateur ! Bigre !

NAPIER, Bill
Le Secret de l'Icône
Paris, City, 2008, 394 pages.
Éd. or.: ***Shattered Icon***, 2003.

Harry Blake doit expertiser un journal intime vieux de 400 ans. Mais ce manuscrit dissimule certains secrets dangereux dont l'existence d'une certaine icône, objet de bien des convoitises… Mystère !

NESSER, Hakan
Funestes Carambolages
Paris, Seuil (Policiers), 2008, 294 pages.
Éd. or.: ***Carambole***, 1999.

Troisième affaire du commissaire Van Veeteren sur les traces d'un meurtrier hors du commun dont les actes portent la marque d'une logique noire et implacable.

NICOLAÏDÈS, Vassoula
Mauvais Sort
Paris, Oslo, 2008, 400 pages.

« Prophéties, malédictions, mythologie grecque, meurtres, enquêtes… tous les ingrédients d'un polar haletant ».

PARSONS, Julie
Je t'ai vue
Paris, Calmann-Lévy, 2008, 328 pages.
Éd. or.: ***I Saw You***, 2007.

Une enquête de l'inspecteur Michael McLoughlin qui tente d'éclaircir la mort d'une jeune femme sans histoire retrouvée noyée dans un lac.

PATTERSON, James
(R) ***Grand Méchant Loup***
Paris, Le Livre de poche, 2008, 410 pages.
Éd. or.: ***The Big Bad Wolf***, 2004.

PICART, Hervé
Le Dé d'Atanas
Bordeaux, Paris, et al, Le Castor Astral, 2008, 212 pages.

Premier volet de « L'Arcamonde », un grand roman-feuilleton moderne mettant en scène Frans Bogaert, patron de la boutique d'antiquités L'Arcamonde.

PRESTON, Douglas & Lincoln CHILD
Relic
Paris, L'Archipel (Thriller), 2008, 450 pages.
Éd. or.: idem, 1995.

Réédition de la première enquête de l'inspecteur Pendergast aux prises avec un assassin sanguinaire qui opère dans le Muséum d'histoire naturelle de New York.

SEYMOUR, Johanne
Le Défilé des mirages
Montréal, Libre Expression (Expression noire), 2008,
332 pages.

Troisième volet des aventures de Kate McDougal dont les
premières ne nous avaient guère impressionné (euphé-
misme !). Ennuyeux et sans intérêt. Une perte de temps
complète...

SHEENAN, James
La Loi de la seconde chance
Paris, Belfond (Belfond noir), 2008, 442 pages.
Éd. or. : *The Law of Second Chances*, 2008.

Thriller judiciaire. Jack Tobin se consacre à une seule cause :
la défense des condamnés à mort. Mais il est en pleine
remise en question quand il hérite d'une affaire délicate.

VAN LUSTBADER, Eric\ Robert LUDLUM
(R) *La Peur dans la peau*
Paris, Livre de poche, 2008, 698 pages.
Éd. or. : *The Bourne Legacy*, 2004.

WARD, Liza
Outside Valentine
Paris, 10/18 (Domaine étranger), 2008, 440 pages.
Éd. or. : idem, 2004.

« Trois histoires, trois époques. Un seul fil à nouer. Et la
même question en boucle : à quoi tient l'existence ? ». Ce
roman a été inspiré par les meurtres de Charles Starkweater
au Nebraska en 1958.

WESTLAKE, Donald
Divine Providence
Paris, Rivages (Noir, 694), 2008, 294 pages.
Éd. or. : *God Save the Mark*, 1967.

Quand Fred Fitch, qui attire les magouilleurs, hérite de
300 000 dollars, il n'y croit tout d'abord pas. Mais voilà,
l'héritage est bien réel... et ses ennemis aussi !

WINEGARD, Mark
La Vengeance du Parrain
Montréal, Flammarion Québec, 2008, 490 pages.
Éd. or. : *The Godfather's Revenge*, 2006.

« Roman à part entière, *La Vengeance du Parrain* fait suite
au *Retour du Parrain* et couvre la période 1963-1964 qui
est occultée dans le roman original de Puzo comme dans
les films de Coppola ».

WOODS, Stewart
Abandon sans scrupule
Paris, L'Archipel, 2008, 328 pages.
Éd. or. : *Reckless Abandon*, 2004.

Deuxième aventure du duo de choc Stone Barrington,
ancien flic devenu avocat, et Holly Barker, chef de la police
d'Orchid Beach en Floride. Leur cible : Trini Rodriguez,
un membre de la mafia protégé par le FBI...

WOODS, Stuart
(R) *Un très sale boulot*
Paris, L'Archipel (Archipoche), 2008, 390 pages.
Éd. or.: *Dirty Work*, 2003. Réédition, L'Archipel, 2005.

WRIGHT, Eric
Mort à l'italienne
Lévis, Alire (Roman 120), 2008, 278 pages.
Éd. or.: *A Fine Italien Hand*, 1992.
Neuvième enquête de Charlie Salter: un acteur de théâtre bien connu a été poignardé dans un motel sordide situé au bord du lac Ontario. Serait-ce un coup de la mafia italienne?

XIALONG, Qiu
La Danseuse de Mao
Paris, Liana Levi, 2008, 320 pages.
Septième enquête de l'inspecteur Chen mêlé à une affaire épineuse où il est question de Mao et d'un document compromettant que détient une jeune et jolie « fleur de prunier ». Exotique, bizarre et chinois !

DANS LA MIRE

de

Michel-Olivier Gasse, André Jacques,
Martine Latulippe, Richard D. Nolane,
Jean Pettigrew, Simon Roy,
Norbert Spehner

Nouvelle plongée dans l'horreur…

Les premiers romans de Jean-Christophe Grangé m'avaient irrité parce que le début des intrigues était très prometteur, mais la fin lamentable. Il avait le chic pour m'entraîner dans une histoire passionnante, bien ficelée, avec un rythme de thriller à l'américaine jusqu'à la finale catastrophique qui me faisait rager. Bref, comme nombre de ses collègues polardeux, Grangé ne savait pas terminer ses histoires et nous proposait des dénouements frustrants et mal foutus. Et puis les choses se sont améliorées et celui qui, il y a dix ans, était l'unique machine à vendre du thriller français, a depuis affiné sa plume et n'a en tout cas rien perdu de son imagination débridée. Chaque nouveau roman nous propose une plongée à haut risque dans des univers particuliers, plutôt baroques, avec des thématiques un peu folles où le polar flirte souvent avec le fantastique ou la science-fiction.

Miserere nous entraîne à nouveau dans une histoire complexe, originale, au rythme soutenu, difficile à lâcher. Comme tout polar qui se respecte, *Miserere* commence par la découverte d'un cadavre, celui de Wilhelm Goetz, le maître de chorale d'une église arménienne. Lionel Kasdan, un flic à la retraite d'origine arménienne, décide de mener son enquête (au grand dam de ses ex-collègues qu'il harcèle de toutes sortes de demandes pressantes), car cette église est son territoire. La mort de Goetz pose problème dans la mesure où les techniciens de la police sont incapables de déterminer quelle est l'arme du crime. *A priori*, on pense qu'il est mort d'un arrêt cardiaque après qu'on lui eût percé les tympans. Mais avec quoi ? Comment ? La réponse à cette question se fera attendre,

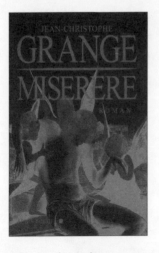

avant de nous plonger dans un univers de science-fiction. Kasdan fouille dans le passé sordide de Goetz, un ancien tortionnaire du régime Pinochet. Il reçoit un coup de main inattendu de Cédric Volokine, un superflic de la brigade de la protection des mineurs, drogué jusqu'aux oreilles, et qui a une haine viscérale des agresseurs d'enfants. Goetz était peut-être un pédophile, et son assassin, un enfant abusé. De plus en plus complexe, alors que les témoins commencent à parler, que des faits nouveaux surgissent, l'enquête entraîne nos deux flics sur des pistes tout à fait inattendues et surprenantes, allant du Chili de Pinochet aux camps nazis et à certaines recherches horribles menées par les médecins fous du troisième Reich (une obsession des auteurs de thriller français). Ils découvrent même un État dans l'État, une région de la France occupée par une secte, qui échappe aux lois de la République et où il se passe des choses pas très catholiques. Page après page, l'auteur éveille notre intérêt en introduisant de nouveaux éléments de plus en plus troublants, de plus en plus insolites, alors que les deux flics, que tout sépare, se

serrent les coudes face à l'horreur qu'ils doivent affronter jusqu'au dénouement ambigu de cette étrange affaire.

On s'est longtemps moqué des auteurs de polars français, incapables, disait-on, de rivaliser avec les Américains sur le plan du thriller. Force est de reconnaître maintenant qu'en termes d'originalité et d'écriture, de rythme et d'inspiration, ce sont les Amers Ricains qui ont tout à apprendre de certains écrivains de thrillers français, dont Jean-Christophe Grangé qui demeure une sorte de chef de file. *Miserere* est son septième roman. Un de ses meilleurs… **(NS)**

Miserere
Jean-Christophe Grangé
Paris, **Albin Michel**, 2008, 524 pages.

❖

Elizabeth George : la plus britannique des romancières américaines

Elizabeth George est l'auteure d'une série policière renommée dont les intrigues se déroulent en Angleterre et dont les héros forment un couple pour le moins insolite. L'inspecteur Thomas Lynley est un aristocrate (8e comte d'Asherton), élégant, stylé, coureur de jupons (jusqu'à son mariage avec Lady Helen Clyde) qui fait équipe avec le sergent Barbara Havers, une femme sans grâce au franc-parler, plutôt rondelette, toujours mal fagotée, issue de la classe ouvrière et qui vit dans une banlieue misérable. La série comprend quatorze titres, si on y inclut *Anatomie d'un crime* où les deux comparses ne font qu'une brève apparition à la toute fin.

Pour comprendre ce qui se passe dans *Le Rouge du péché*, il faut revenir en arrière, au douzième titre, soit *Sans l'ombre d'un témoin*, où l'auteure prend une décision

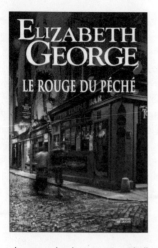

confiée à l'inspecteur Bea Hannaford qui décide de faire confiance à Lynley et le met à contribution. Il devra notamment enquêter sur Daidre Trahair, une vétérinaire dont la maison est située à proximité de la scène du crime et dont le témoignage est plutôt douteux. Pour Lynley, comme pour Hannaford, il ne fait aucun doute que Trahair a des choses à cacher. Mais c'est une femme charmante et Lynley, qui tente tant bien que mal de soigner ses blessures psychologiques, est attiré malgré lui par cette inconnue douce, belle, compréhensive, qui est sans doute mêlée au meurtre. Quant à Barbara Havers, elle est appelée à la rescousse mais son véritable but est de ramener Lynley à Scotland Yard.

pour le moins hardie : Joe Campbell, un gamin de douze ans, abat Lady Helen Clyde qui est enceinte ! Outragés, choqués, révoltés, des centaines de fans de la série ont écrit à l'auteure pour se plaindre de la disparition brutale de celle qui était devenue un des personnages les plus attachants de la série. Pour expliquer sa décision et illustrer les motifs du jeune tueur, Elizabeth George publie alors *Anatomie d'un crime*, un roman noir très sociopsychologique dans lequel elle retrace le parcours violent du gamin, son environnement de misère, ses mauvaises fréquentations et l'enchaînement fatal qui l'amène à exécuter une femme qu'il ne connaît pas, qui ne lui a rien fait.

Le Rouge du péché commence trois mois après ce meurtre insensé. Inconsolable, jonglant avec des idées suicidaires, Thomas Lynley erre le long des côtes de Cornouailles quand il découvre le cadavre d'un jeune grimpeur au pied des falaises. Un examen minutieux de son équipement révèle des traces de sabotage. Le jeune homme a été assassiné et pendant quelques heures Thomas Lynley, qui a l'air d'un vagabond, est sur la liste des suspects. L'enquête est

Le Rouge du péché est un « whodunit », un roman d'enquête criminelle très classique dans lequel Elizabeth George réussit le tour de force de garder notre intérêt pendant 524 pages avec un seul cadavre et une seule question : qui l'a tué ? En ces périodes de tueurs en série, de meurtres multiples et de carnage, il faut un certain talent. Avec beaucoup de doigté et de virtuosité, elle joue sur les rapports entre les personnages qui sont tous remarquables et bien définis. L'intrigue est complexe, la résolution étonnante. J'ai découvert cette série sur le tard (il y en a tellement !) avec *Anatomie d'un crime*, et je le regrette car *Le Rouge du péché* est un roman magistral où, par exemple, on ne retrouve pas les longueurs irritantes des polars de P. D. James qui œuvre dans le même genre. Bref, j'en ai encore douze autres à lire ! Et ils ont tous plus de 300 pages, de quoi occuper une retraite ! **(NS)**

Le Rouge du péché
Elizabeth George
Paris, Presses de la Cité (Sang d'encre), 2008, 524 pages.

125

❖

Mais qui est donc Anna Spiegel ?

Le Berlinois Sebastian Fitzek nous est présenté comme le nouveau prodige du suspense allemand et pour cause : son premier roman, *Die Therapie*, se vend comme des petits pains chauds et récolte déjà les commentaires les plus élogieux. Le *Bookseller* en a fait sa révélation de l'année, ce qui alimente naturellement la rumeur favorable accompagnant la sortie de sa traduction française. Nuit blanche en perspective...

Thérapie mérite tout le bien qu'on a pu dire de lui. Dès le prologue, le rythme effréné traduit la panique et le désarroi de Viktor Larenz, ce père troublé par la disparition mystérieuse de sa fille unique de douze ans, Josy. L'intolérable torture que ce psy subit devient alors tangible, physique même. Nullement résigné, mais pourtant condamné à vivre dans les limbes de l'incertitude quant au sort de sa fille, il se réfugie dans un véritable culte à la mémoire de son enfant. Sa quête n'a de cesse : pendant quatre années, il cherchera

126

vainement à savoir ce qui a pu arriver à celle-ci. Des pistes de réponse se dessinent enfin lorsqu'une écrivaine nommée Anna Spiegel se présente supposément pour se faire traiter par lui. Schizophrène diagnostiquée, elle prétend souffrir de la malédiction de l'écrivain : elle voit ses personnages physiquement évoluer devant elle, dans des scènes d'horreur, exactement comme dans l'œuvre où elle les a imaginés. On conçoit aisément le choc du psy quand il apprend que l'un des personnages décrits par Anna Spiegel correspond en tout point à Josy. Au fil des rencontres, Viktor Larenz est donc entraîné dans un dédale périlleux au bout duquel il a l'espoir de découvrir le sort réservé à sa fille. Véritable plongée dans l'inconscient de Larenz, le récit d'Anna Spiegel fouille, creuse la forêt intérieure du spécialiste des maladies mentales, l'amenant dans un territoire dense et glauque, celui-là même de sa propre psyché. À l'instar de Larenz, le lecteur est tout simplement rivé sur son siège, captivé qu'il est par les troublantes révélations machiavéliquement dosées de l'intrigante Anna. On sent tout le long que quelque chose ne tourne pas rond, sans arriver toutefois à mettre précisément le doigt dessus. *Thérapie* est ce genre de roman dont on sait à coup sûr qu'il décevra le lecteur *de lui-même*, de sa propre sagacité. On a beau essayer, bien malin celui qui reconstituera le puzzle à partir de ce miroir fragmenté de la personnalité complexe de Viktor Larenz.

Et toujours ce trouble qui laisse insidieusement son empreinte sur un scénario au rythme haletant d'une rare efficacité, du calibre de notre Senécal. On y retrouve même une ombre malsaine bien familière, celle qui caractérisait les ambiances déroutantes des meilleurs Boileau-Narcejac.

Fitzek réussit habilement à faire peser sur le récit tout le poids menaçant de cette atmosphère parente du fantastique, maintenant nerveusement le lecteur dans cette zone si inconfortable de l'inquiétante étrangeté. (SR)

Thérapie
Sebastian Fitzek
Paris, L'Archipel, 2008, 274 pages.

❖

Les meurtres étaient plus que parfaits...

Une couverture d'une banalité affligeante, un titre peu inspirant, aucune mention de genre, voilà certes qui n'aidera en rien la carrière commerciale de ce bref roman noir qui aurait mérité un meilleur traitement. Mais nous ne nous attarderons pas sur le sport favori de certains éditeurs québécois, soit l'art de se tirer dans le pied !

Or donc... *Un ménage rouge* est le premier roman de Richard Ste-Marie, un retraité de l'école des arts visuels de l'université Laval qui anime, sur les ondes de CKRL, une émission d'entrevues avec des écrivains. L'histoire n'est pas très longue mais une fois commencée, il est difficile de la lâcher. Un jour, Vincent Morin, courtier en valeurs mobilières, un homme un peu solitaire, sans histoire, a la fâcheuse idée de rentrer à la maison un peu plus tôt que prévu. Il surprend sa femme en pleine action, en train de faire quelques galipettes érotiques avec deux hommes. Aveuglé par la colère et pris d'une rage subite, Vincent Morin leur fracasse le crâne avec un pied de lampe en bronze soudain transformé en arme de crime. Après une nuit d'enfer, il prend la décision de ne pas se livrer à la police, de se débarrasser des cadavres, de nettoyer sa maison de toute trace de son abominable forfait. La tâche n'est pas aisée mais la Providence aidant, Vincent Morin réussit à se débarrasser des corps. Mais il y a la famille, dont une belle-sœur nymphomane sur les bords et qui a raté la partouze, les amis, le travail, la police... Comment Morin va-t-il s'y prendre pour convaincre tout ce beau monde que sa femme a quitté le domicile conjugal de son plein gré, le plaquant là comme un malpropre ? Pendant des semaines tout fonctionne, et puis un jour...

À partir de là, il m'est impossible d'ajouter quoi que ce soit sans dénaturer le projet de l'auteur. Je dirai seulement que j'ai été surpris par la tournure des événements, et cela jusqu'à la toute fin de ce roman singulier qui témoigne d'une imagination débridée et d'un art de conteur tout à fait efficace. *Un ménage rouge* n'est peut-être pas le polar québécois de l'année, mais c'est certainement une des bonnes surprises de la cuvée 2008, plutôt riche en navets. Le récit est original, bien mené, avec un dénouement qui défie tous les pronostics. Ce qui me ramène à la piètre qualité de la présentation de ce livre qui n'est pas un thriller, mais à qui une petite étiquette « roman noir » ou même « suspense » n'aurait certainement pas fait de tort. Tel quel, ce petit bouquin, premier roman d'un auteur presque inconnu, va se retrouver noyé dans les rayons labyrinthiques de la littérature générale au lieu de trôner comme il se doit dans celui plus spécialisé de la littérature policière, où il aurait trouvé son vrai public. **(NS)**

Un ménage rouge
Richard Ste-Marie
Montréal, Stanké, 2008, 188 pages.

❖

Bizarre ? Vous avez dit bizarre ?

Si on me demande quel est le roman le plus original que j'aie lu en 2008, je mentionnerai sans hésiter *La Confrérie des mutilés*, de Brian Evenson, étant entendu que « le plus original » ne signifie pas nécessairement « le meilleur », même si par ailleurs ce curieux bouquin ne manque pas de qualités.

Le détective privé Kline a perdu sa main au cours d'un règlement de comptes. Son adversaire la lui a tranchée avec un hachoir mais Kline, faisant preuve d'un sang-froid exceptionnel dans les circonstances, a aussitôt cautérisé la plaie à vif sur un rond de poêle électrique avant de tirer une balle dans l'œil de son adversaire médusé ! Cet « exploit » peu banal a attiré l'attention d'un groupe d'individus pour le moins bizarres, une société secrète composée de mutilés volontaires. Ce groupe de fêlés est

hiérarchisé selon le nombre de mutilations ou d'amputations que chacun a subies. Par exemple, un Trois (disons un bras, un œil et un orteil) vaut moins qu'un Cinq (deux mains, une jambe, un œil, une oreille, par exemple). Le groupe a enlevé Kline pour lui confier une mission : découvrir qui a tué Quatorze, le chef du groupe. Kline est réticent mais il n'a pas le choix : ou bien il accepte de remplir sa mission, ou il sera exécuté.

Pour mener à bien son enquête, il doit interroger des témoins. Sauf que dans ce milieu de givrés de la découpe, le savoir se paie. Le prix : une amputation. Kline y laisse son bras avant de découvrir que la victime présumée n'est pas morte. Il réalise alors qu'il est tombé dans un traquenard. La situation devient complètement surréaliste (du style *Alice chez le docteur Mabuse* !) quand un groupe de mutilés dissidents, dont tous les membres s'appellent Paul, vient à sa rescousse et le sort du guêpier dans lequel il s'est fourré. Son répit sera de courte durée, car la confrérie des Paul le prend pour le Messie et on sait ce qu'il

advient de tous ces petits sauveurs ! S'il veut préserver ce qui lui reste d'intégrité physique et sortir vivant de ce cauchemar, Kline n'aura d'autre choix que d'éliminer les deux bandes, dans une incroyable orgie de sang.

Sinistre ? Pas vraiment, dans la mesure où Evenson a opté pour le registre de l'humour noir qui donne une tonalité tout à fait insolite mais jubilatoire à cette intrigue macabre qui ferait les délices d'un David Lynch ou d'un David Cronenberg (deux sadiques qui passeraient leur temps à crier « Coupez ! »). Les dialogues, fort nombreux, sont un vrai régal… Bref, c'est plus drôle que macabre, mais certaines scènes plutôt horribles nécessitent tout de même un estomac solide… À juste titre, ce roman singulier (« weirdissime » serait le terme exact) a été publié dans la collection Lot 49 — ainsi baptisée en hommage au roman de Thomas Pynchon, *Vente à la criée du Lot 49* — où on publie « des iconoclastes qui bouleversent la donne du langage et l'équilibre chimiquement instable de la narration » dans des « œuvres ambitieuses, parfois monstrueuses, toujours dérangeantes et jubilatoires ». **(NS)**

La Confrérie des mutilés
Brian Evenson
Paris, Le Cherche midi (Lot 49), 2008, 220 pages.

❖

Pas de nouvelles, bonnes nouvelles !

Avec plus d'une trentaine de romans à son actif, on ne s'étonne pas que James Patterson manipule aussi bien les ficelles du métier ! Dans *Des nouvelles de Mary*, il nous revient avec son personnage d'Alex Cross (ceux qui ont vu les films *Et tombent les filles* et *Le Masque de l'araignée* se rappelleront assurément de Morgan Freeman dans le rôle du docteur Cross).

Des nouvelles de Mary s'ouvre sur quatre meurtres commis par un personnage nommé « le Narrateur ». Pour chacun des meurtres, Arnold Griner, critique au *Los Angeles Times*, reçoit des courriels signés Mary Smith, qui décrivent avec force détails comment elle a commis ces meurtres. Griner en vient à redouter sa boîte de courrier électronique et à se poser les mêmes questions à répétition : pourquoi moi ? Pourquoi m'écrit-elle ? Qui sera la prochaine victime ? Le docteur Cross entre en jeu lors du meurtre d'une célèbre actrice, Antonia Schifman. Il doit interrompre ses vacances en famille à Disney pour plonger dans cette affaire. Un constat s'impose rapidement : le meurtrier (ou la meurtrière, s'il s'agit bien de Mary Smith) choisit ses victimes parmi les femmes célèbres d'Hollywood et il insiste beaucoup, dans ses courriels, sur leur rôle de mère, sur leurs enfants qui demeureront orphelins. Alex Cross et ses

collègues se lancent dans la chasse aux informations, mais l'enquête progresse difficilement. Ils disposent de peu : les courriels, des autocollants laissés sur les lieux du crime... Les victimes continuent de s'accumuler et aucun lien entre elles n'émerge, la police n'arrive pas à trouver d'éléments communs pouvant mener au coupable. Tout semble avoir été organisé soigneusement par le Narrateur. Cependant, les choses échappent tranquillement à ce dernier ; la situation finit par déraper, la violence s'accroît et les morts se multiplient.

Ce roman de James Patterson est très rythmé, ponctué de chapitres courts et nombreux qui nous réservent toujours des retournements qui donnent envie de continuer la lecture. L'auteur a sans contredit le sens de la formule lapidaire, l'art de lancer une petite phrase du genre « Au début, il ne trouva rien » qui sait à coup sûr créer l'attente : le lecteur sait que ça approche, qu'il va bientôt trouver... En plus de l'enquête principale et d'histoires parallèles qui amènent d'autres soupçons sur divers personnages, Patterson décrit soigneusement la vie personnelle tourmentée du docteur Cross, à qui on veut enlever la garde d'un de ses fils. Alex Cross est un personnage très intéressant, étoffé et humain. Déchiré entre sa conscience professionnelle très forte et son amour pour ses enfants, Cross est habité par la volonté de ne pas rater sa vie familiale. Ironiquement, il se retrouve au cœur d'une affaire où l'assassin brise des vies de famille, semble obsédé par le rôle de parent, et le docteur devra travailler très fort — et négliger ses enfants... — pour que cessent les meurtres. *Des nouvelles de Mary* s'avère une lecture fort agréable : quelques suspects potentiels,

une galerie de personnages intéressants et de bonnes idées qui mènent allègrement vers l'entourloupette finale ! **(ML)**

Des nouvelles de Mary
James Patterson
Paris, JC Lattès (Suspense & Cie), 2008, 425 pages.

❖

Il y a complot et complot...

La collection « NéO », dirigée par Hélène Oswald, est la survivance des fameuses et défuntes éditions du même nom et de leur esprit original. Avant de rejoindre Le Cherche midi, elle avait été hébergée par Les Belles Lettres et y avait déjà publié une anthologie sur les complots... Quand on achète un livre marqué « NéO », on sait déjà au moins une chose, c'est qu'on a une forte chance de lire quelque chose qui sort de l'ordinaire éditorial. D'ailleurs, simplement publier une anthologie est déjà sortir des sentiers battus pour un éditeur, n'est-ce pas ? Donc deux bons points : merci pour

l'anthologie originale et pour la présentation du livre, qui n'est pas mal du tout et peut raisonnablement espérer déclencher un réflexe d'achat. Maintenant, a-t-on vraiment en main les « complots capitaux » évoqués par le titre ? Pas tout à fait.

C'est beaucoup plus l'étiquetage de la marchandise qui est en cause que la qualité des histoires, à de rares exceptions près fort agréables à lire même si aucune d'elles ne touche au chef-d'œuvre. Il y a même deux textes qui n'ont rien à faire ici, « La Machination K. Dick » de Michel de Pracontal, hors sujet et exercice de style pseudo-dickien un peu vain, et le pourtant bien tourné « Le Téléphone pleure » de Philippe Ségur, qui semble oublier que la première définition d'un complot est qu'il faut au moins *deux* personnes impliquées… À mettre de côté aussi les pochades signées pourtant par deux auteurs d'importance comme Johan Heliot et, surtout, Pierre Bordage, ou celle de Benjamin et Julien Guérif sur les « vrais » dessous de la création de *Star Wars*…

Les treize nouvelles qui restent constituent donc le vif du sujet, c'est-à-dire des histoires concernant les dessous de vrais complots, connus ou moins populaires. On a droit aux incontournables, de Kennedy au *Rainbow Warrior* en passant par la mort mystérieuse du pape Jean-Paul Ier, et dans cette rubrique, « L'Ange de l'Alma » d'Érik Wietzel est vraiment la cerise sur le gâteau, le texte le plus original du volume (et le seul relevant du fantastique). Si on passe aux histoires moins connues et où on n'aurait parfois même pas cru qu'il y aurait complot, pas de doute, c'est « L'Affaire Tchang » de Benoît Peeters qui remporte la palme, pour le plus grand plaisir des fans d'Hergé.

Le titre de l'anthologie d'Olivier Delcroix est quelque peu trompeur en faisant croire au lecteur qu'on va l'emmener dans des coulisses décoiffantes en matière d'Histoire secrète. Le principal handicap de tous les auteurs, ou presque, est qu'ils semblent peu au fait de ce qu'est capable de produire la vraie littérature « conspirationniste » à la Jim Keith et consorts et dont des séries comme *X-Files* donnent un aperçu revu par la fiction. Alors quand on est habitué, comme moi, à la côtoyer pour des raisons extra-littéraires, on trouve que la potion, si bonne soit-elle, aurait quand même pu être ici autrement plus corsée… et que la véritable anthologie du complot reste toujours à faire. **(RDN)**

Complots capitaux
Olivier Delcroix présente…
Paris, Le Cherche midi (NéO), 2008, 390 pages.

❖

Noir, c'est (presque) noir…

Deuxième recueil publié par Armand Cabasson dans la belle collection « Nouvelles » des éditions Thierry Magnier, une petite maison qui sait apparemment encore ce que l'expression « livre-objet » veut dire, *Noir Américain* lorgne moins ouvertement vers le roman noir que ne le proclame le dos de couverture. Les dix nouvelles, dont deux sont des reprises d'un précédent recueil aux défuntes éditions de l'Oxymore, relèvent aussi du fantastique ou même de la littérature « presque » générale. La seule chose que partagent vraiment tous ces textes est — et qui en sera surpris quand on connaît la profession de l'auteur — un très net penchant pour l'aspect psychologique des histoires. Même la plus

inclassable d'entre elles, « Le Sabre de Shiloh », qui ressemble surtout à un bon prétexte pour conter avec talent une effroyable et déterminante bataille de la Guerre de Sécession, joue avec l'importance que peut prendre le culte du souvenir pour cimenter une famille. Quant aux deux nouvelles fantastiques, « Jenny et Grapp le monstre » et « L'Exquise Beauté des cafards », elles se situent, de manière réjouissante pour l'amateur, dans la lignée du « Journal d'un monstre » de Richard Matheson pour la première et, pour la seconde, dans celle des bons vieux *E.C. Comics* d'antan.

Restent donc sept nouvelles qui correspondent bien à la définition du roman noir dans sa tendance psychologique et qui justifient le titre du livre.

Comme pour les deux textes fantastiques, six d'entre elles sont des variations sur le thème du démon intérieur. Un démon qui peut gagner ou être vaincu, quelquefois de manière *in extremis*, suivant le cas. La seule qui ne joue pas la partition, « J'aurais voulu être du FBI », est comme par hasard la moins bonne du recueil car manquant d'intensité et trop téléphonée d'avance. Toutes les autres sont bien troussées, suffisamment diversifiées

pour qu'on n'ait jamais l'impression de redite et ne négligeant jamais l'ambiance. La seule petite chose qu'on pourrait peut-être leur reprocher est leur côté de temps à autre un peu trop « propre » dans le style. Mais il se peut que cette impression soit due encore au fameux texte de dos de couverture qui en fait « un peu beaucoup », comme on dit, avec sa volonté d'appâter le client en faisant croire qu'Armand Cabasson serait un guerrier du polar noir taillant son chemin dans le sang et la douleur alors qu'il est en réalité plutôt un fin bretteur maniant une botte de Nevers littéraire faisant mouche plus qu'à son tour. **(RDN)**

Noir américain
Armand Cabasson
Paris, Thierry Magnier, 2008, 176 pages.

❖

Aux sources du récit d'espionnage

Quiconque s'intéresse un peu à l'histoire du roman d'espionnage a forcément entendu parler de *L'Énigme des sables* (titre original : *The Riddle of the Sands : A Record of Secret Service Recently Achieved*), de l'écrivain irlandais Erskine Childers, publié en 1903. En effet, ce livre est au roman d'espionnage ce que les enquêtes d'Auguste Dupin (Edgar Allan Poe) et les aventures de Sherlock Holmes sont au roman policier : une œuvre fondatrice que tout spécialiste de la question se doit d'avoir lue. Longtemps introuvable en traduction, il a été réédité (dans la traduction de Jeanne Véron datant de 1915) par les éditions Phébus dans la collection Libretto, ce qui m'a enfin donné l'occasion de parcourir ce « classique ».

Précisons d'emblée que cette histoire n'a rien de palpitant. Ça n'est ni du Ludlum, ni du Le Carré, encore moins du Tom Clancy. *L'Énigme des sables* ressemble plus aux romans d'aventures maritimes d'un Joseph Conrad qu'aux thrillers des maîtres modernes. Le scénario, plutôt chiche en rebondissements, raconte comment deux amis, embarqués à bord d'un petit voilier, explorent les côtes allemandes dans la mer du Nord et les îles de la Frise. En cours de route, ils rencontrent des navires de guerre allemands, et un navigateur anglais nommé Dollman qu'ils soupçonnent de trahison au profit du Kaiser. En effet, nos deux gaillards réalisent très vite que les navires croisés dans le secteur sont en manœuvre et que ce qui se prépare, avec la complicité de Dollman, ça n'est rien de moins qu'un redoutable plan d'invasion de l'Angleterre. Au risque d'être arrêtés et jugés pour espionnage, Carruthers, un jeune fonctionnaire désabusé du ministère des Affaires étrangères, et Davies, le patriote idéaliste, décident de passer à l'action pour contrecarrer les plans de la marine du Kaiser.

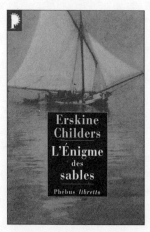

La publication de ce roman avait eu d'importantes conséquences politiques. *L'Énigme des sables* avait éveillé l'attention du gouvernement britannique sur les visées impérialistes de l'Allemagne. Par ailleurs, au travers de cette fiction, Childers soulignait la faiblesse des défenses du royaume et l'absence de forces navales britanniques dans des secteurs stratégiques visés par les forces ennemies. Du coup, la Royal Navy dut réviser ses plans, tout en prenant conscience du danger que représentait une remilitarisation de l'Allemagne.

L'Énigme des sables est le seul roman de Childers, auteur d'une douzaine d'ouvrages relatant ses expériences militaires, notamment pendant la guerre des Boers où il a servi dans l'artillerie, puis dans la marine royale britannique pendant la Première Guerre mondiale. Ironie du sort, cet idéaliste, dont le patriotisme s'étendait à toute la Grande Bretagne, a été fusillé par l'armée britannique le 24 novembre 1922 pour avoir été le cerveau organisateur du service d'espionnage du Sinn Féin, l'armée clandestine de libération de l'Irlande.

À plus d'un titre, donc, *L'Énigme des sables* est un document historique exceptionnel. À découvrir… **(NS)**

L'Énigme des sables
Erskine Childers
Paris, Phébus (Libretto), 2008, 326 pages.

❖

Je m'appelle Bond, James Bond…

Après avoir piloté l'excellent collectif *James Bond (2)007. Anatomie d'un mythe populaire* (Belin, 2007 — ouvrage dont j'ai fait la bibliographie), Françoise Hache-Bissette, Fabien Boully et Vincent Chenille récidivent avec un essai plus personnel intitulé *James Bond. Figure mythique*, un essai thématique qui témoigne de la passion des auteurs pour leur sujet. Publié dans un format de poche, avec une présentation soignée, élégante, comprenant de nombreuses illustrations, le livre répond aux questions suivantes : comment l'agent 007 a-t-il accédé au statut de mythe ? Comment a-t-il envahi l'imaginaire collectif jusqu'à devenir un véritable phénomène culturel ? Pour y répondre, les auteurs ont plongé dans l'univers de l'agent James Bond et ont décortiqué toutes les facettes de cette nouvelle mythologie populaire.

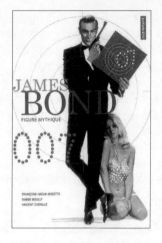

Chronologie oblige, le premier chapitre s'intéresse à l'œuvre littéraire, aux romans de Ian Fleming et à l'étonnant succès populaire de cette série d'espionnage, lente à démarrer, mais qui fut vantée par certains hommes politiques influents comme Anthony Eden ou John Fitzgerald Kennedy. Dès le chapitre deux, les auteurs abordent les adaptations cinématographiques, avec les différentes incarnations ou interprétations ainsi que les problèmes de production. C'est dans le troisième chapitre intitulé « Formule mythique » qu'on a droit à une revue analytique des aspects les plus spectaculaires de l'univers bondien, du générique d'ouverture des films (musique, graphisme, symbolique, etc.) au placement de produits, en passant par les *James Bond girls*, les bureaux du MI-6, Moneypenny, les gadgets de Q, les méchants (dont certains comme Goldfinger ou le Dr No sont immortels !) et les décors souvent époustouflants. Dans le chapitre suivant, les auteurs établissent un parallèle entre les aventures de James Bond, véritable chevalier des temps modernes, et certains personnages de la mythologie,

134

notamment Héraclès et Dionysos. James Bond y est présenté comme un Saint-Georges en smoking, un hédoniste incorrigible et une machine à tuer. Au chapitre 5, on évoque le contexte de la Guerre froide, alors que le chapitre 6 nous présente Bond comme un mythe culturel. Des bibliographies, une filmographie viennent compléter ces diverses analyses qui, précisons-le, sont rédigées sans jargon même si les auteurs sont tous les trois d'éminents universitaires bardés de diplômes. La preuve, une fois de plus, qu'on peut rédiger des essais passionnants sans tomber dans les excès académiques qui affligent nombre d'études hermético-prétentieuses contemporaines.

Je ne suis pas un fan des récits d'espionnage de Ian Fleming. J'ai dû lire une ou deux des histoires de la série originale ainsi que le roman de Sebastian Faulks paru en 2008. Mais, *James Bond girls* obligent, j'ai vu tous les films (ou presque) et grâce à ce livre, j'ai pu me replonger avec plaisir dans l'univers singulier de mon agent secret favori, avec une préférence pour Sean Connery et Roger Moore pour ce qui est de l'interprétation. Daniel Craig, le dernier à l'incarner, en fait un personnage presque sinistre… Un virage de mauvais augure, me semble-t-il. Heureusement, il restera toujours les *girls*, repos du guerrier oblige, le martini « *shaken but not stirred* » et le triomphe du héros ! **(NS)**

James Bond. Figure mythique
Françoise Hache-Bissette, Fabien Boully & Vincent Chenille
Paris, Autrement, 2008, 190 pages.

❖

Le paradis n'est pas au Chili

Ramón Díaz-Eterovic a déjà signé quelques aventures mettant en scène le détective privé Heredia. *La Couleur de la peau* est cependant le premier titre de cet auteur que j'avais l'occasion de lire. Ce qui étonne d'emblée le nouveau lecteur, ce sont les nombreuses discussions que Heredia et son chat Simenon ont. Que le privé parle à son chat, rien d'étonnant. Mais le chat lui répond, le plus souvent d'un ton acerbe et moqueur. Ses répliques sont en général intéressantes, mais j'avoue que ce procédé m'a personnellement embêtée. Bon, d'autres adorent, semble-t-il, mais je n'en suis pas. Une fois passé l'étonnement du chat parlant, j'ai par contre eu beaucoup de plaisir à découvrir l'univers de Heredia.

Dans ce roman, tout part d'un simple verre pris un soir avec un Péruvien, un de ces nombreux Péruviens venus chercher le bonheur au Chili. Hélas, ils sont si nombreux à penser y trouver le paradis qu'il n'y a plus assez d'emplois pour eux, pratiquement rien à manger, pas d'endroits où loger. La quête du paradis tourne au désastre ; la plupart n'auront droit qu'à une grande misère, en plus des quolibets, des menaces, du mépris de trop nombreux

Chiliens. À la suite de cette rencontre avec un Péruvien, donc, Heredia se retrouve chargé d'une enquête : il doit retracer Alberto Coiro, un autre homme venu du Pérou, qui a disparu subitement sans laisser de traces. Heredia n'a pas d'indices, ou très peu. La seule personne à lui en fournir un est un sans-abri vite retrouvé mort. Le détective privé fouille de tous côtés, mais l'information arrive au compte-gouttes et l'enquête progresse à très petits pas. Ce qui nous donne un récit plutôt lent, évidemment : rien de haletant dans *La Couleur de la peau*. On assiste plutôt à l'enquête peu orthodoxe d'un privé qui cherche ici et là, sans trop de rigueur, entre deux verres. Car Heredia passe beaucoup plus de temps à décrire ses états d'âme et à boire qu'à traquer les coupables ! En résulte un roman qui, s'il n'est pas enlevant, est cependant noir à souhait. L'ambiance prédomine sur l'enquête et Díaz-Eterovic prend le pouls de Santiago à merveille. Il présente aussi toute une brochette de personnages secondaires des plus intéressants, confrontés à un quotidien morne, où selon Heredia les politiciens traitent les gens comme des citoyens seulement en

Ramón Díaz-Eterovic
La couleur de la peau
Métailié NOIR

période d'élection, les considérant plutôt comme des suspects le reste du temps… Autre caractéristique marquante de *La Couleur de la peau* : le roman est très bien écrit, dans une langue élégante et épurée, truffé de références à Shakespeare, Cervantes, etc.

J'avoue que ce qui m'a incitée à lire Ramón Díaz-Eterovic, de prime abord, était l'impression que j'y retrouverais quelque chose d'assez près de Leonardo Padura, que j'aime beaucoup. La nostalgie, la lenteur, l'intégrité de Heredia s'apparentent en effet au Conde, mais force m'est d'admettre que pour l'instant je ne suis pas encore aussi convaincue. C'est peut-être la faute du chat. Pas tout à fait convaincue, donc, mais bien assez toutefois pour avoir envie de lire d'autres romans de cet auteur. **(ML)**

La Couleur de la peau
Ramón Díaz-Eterovic
Paris, Métailié (Métailié noir), 2008, 229 pages.

❖

Secrets de famille

Dans *L'Affaire de Road Hill House*, Kate Summerscale réussit un tour de force : faire en sorte qu'un essai soit aussi passionnant qu'un roman policier ! Nul ne peut prétendre à la vérité absolue dans une affaire au dénouement aussi mystérieux, mais l'auteure s'est fort bien documentée pour nous en apprendre le plus possible sur un fait réel, un meurtre survenu en Angleterre en 1860.

Le crime est affreux : un matin, la gouvernante se rend compte que Saville Kent, un garçon de cinq ans à peine, a disparu. On a tôt fait de retrouver le corps de l'enfant,

qui a été sauvagement assassiné. La conviction s'impose rapidement : le coup a été fait par quelqu'un de la maison… Les parents ? Les frères et sœurs ? Des employés ? Voilà que tous les membres de cette famille victime de meurtre sont placés au rang de suspects. Cette famille en apparence sans histoire verra son intimité fouillée, étalée devant tous. Toutes sortes de drames et de relations ambiguës en jaillissent. Un de ceux qui a travaillé sur cette affaire est Jack Whicher, un des premiers policiers de Scotland Yard. À lui seul, il pourrait facilement être le sujet de tout un livre, de par ses multiples affaires résolues et son ingéniosité. Toutefois, le cas de Road Hill sera difficile pour lui ; il se fait malmener et voit sa confiance et sa crédibilité s'effondrer.

On ne découvrira le coupable dans cette affaire que bien plus tard. À l'époque, cette sordide histoire a enflammé tout le pays, posant même les fondements d'une nouvelle orientation de la littérature policière. Kate Summerscale utilise tout ce qu'elle peut pour retracer les grandes lignes de

kate
summerscale
l'affaire de
road hill house

cette affaire : essais, rapports de police, archives du gouvernement, etc. Tout est rapporté avec une grande précision : les soupçons, les découvertes, les fausses pistes, les rumeurs, les hypothèses, des plus sérieuses aux plus farfelues… car tout le monde, tant la presse que le public, s'empresse d'émettre maintes opinions et explications. L'auteure fouille le moindre aspect de l'histoire avec beaucoup de détails, ce qui peut parfois paraître un peu long (lorsqu'on découvre le quotidien et le menu habituel du policier Whicher, par exemple !) mais, de façon générale, tout est très pertinent et grandement intéressant. Le ton du livre est particulier : il ne prétend pas être un roman, le style est assez froidement descriptif, se contentant de relater les faits, de raconter le drame en détail. La découverte du corps de l'enfant, scène affreuse s'il en est, est rapportée de façon quasi clinique, sans émotion. Pourtant, le lecteur se laisse prendre rapidement par le récit. D'abord parce que, malgré le sujet morbide, l'auteure est toujours très intéressante, pas macabre – à la limite, elle passe même plutôt vite sur le meurtre en soi, situant réellement l'enquête de l'époque au cœur du récit. De plus, elle couvre beaucoup plus large que cette seule affaire : elle aborde plusieurs répercussions sociales, littéraires, politiques… Son méticuleux travail de recherche nous permet de découvrir notamment les débuts des détectives ; dans cette Angleterre du XIXe siècle, l'arrivée de policiers en civil est très mal perçue par le public. Ils dérangent. On les voit comme des espions, des traîtres. Peu à peu, les mentalités changent, au point que des auteurs comme Dickens s'en inspirent et chantent leurs louanges. Si, au début du XIXe siècle, les histoires de crime anglaises avaient pour sujet le voleur ingénieux, quelques décennies plus tard voilà que c'est plutôt le détective intelligent qui y vole la vedette ! Enfin, une autre des grandes forces de l'auteure est de présenter un livre astucieusement bâti : par exemple, elle annonce dès le départ que le coupable sera connu quelques années plus tard, mais tout est raconté dans les moindres détails sans jamais laisser sous-entendre que c'est un tel ou une telle… L'auteure ménage bien ses effets, et tous demeurent suspects jusqu'au dénouement. **(ML)**
L'Affaire de Road Hill House
Kate Summerscale
Christian Bourgois, 2008, 523 pages.

❖

Pourri

Au départ, l'idée est drôlement intéressante. Après avoir tué Jack, son amant, l'héroïne fout le cadavre dans le coffre et roule de la Nouvelle-Orléans post-Katrina vers Seattle où se trouve George, l'homme qu'elle n'aurait jamais dû quitter. L'héroïne agit sans parvenir à justifier ses actes et roule sans carte ni plan défini, avec pour seule indication que Seattle se trouve au nord-ouest de chez elle. Le chemin est long et hasardeux, la chaleur est accablante, et l'odeur de décomposition gagne lentement 137 du terrain.

L'histoire est racontée à la première personne du présent et avance à pas tâtonneux vers un objectif qui ne sera jamais atteint. La narratrice est tantôt prise de remords, tantôt possédée de pulsions meurtrières envers quiconque se rapproche de son secret, et garde pour plus tard tout

Si seulement la décomposition en question prenait la place qui lui revient, l'histoire aurait été tout autre. Mais on oublie long-temps le cadavre pour des histoires de famille et de couple, et le sujet principal a à peine le temps de devenir réellement putréfié que ce tout petit livre écrit en qua-torze points prend fin dans l'indifférence la plus totale. Un bel essai raté. **(MOG)**

Décomposition
J. Eric Miller
Paris, Le Masque, 2008, 205 pages.

❖

ce qui nous intéresse, à savoir le motif et la méthode du meurtre. Elle nous ressasse ses histoires de bonheur avec son pauvre Jack, écrivain fou et obsédé sexuel, et ne parle que très peu de George, qui semble plutôt être un chic type, du genre présen-table aux parents. Le récit repose en grande partie sur quelques anecdotes difficilement justifiables et le suspense, s'il doit y en avoir, semble coincé étouffé dans le coffre sous le cadavre de Jack.

On a peine à savoir qui est réellement la narratrice. Sa folie peu convaincante fait en sorte que le lecteur en laisse aller plus qu'il n'en prend dans ce soi-disant profil psychologique tordu. Au bout du compte, le lecteur se souviendra que la narratrice est très jolie, sexy, nymphomane et que ses seins ont été refaits. Quelques scènes torrides viennent justifier ces attributs, à la suite desquelles le lecteur se dira qu'au moins, à défaut d'avoir écrit une histoire, l'auteur se sera fait plaisir.

Quoiqu'il en soit, il aurait bien pu garder ses fantasmes pour lui.

Un William Bayer peu convaincant

William Bayer écrit deux sortes de po-lars. Des thrillers psychologiques de grande qualité comme *Le Rêve des chevaux brisés*, un récit envoûtant qui nous hante long-temps, ou comme *La Villa des couteaux*, une danse de mort sur fond de tango. Bayer écrit aussi une série de polars met-tant en scène Frank Janek, un lieutenant de la police de New York, d'origine tchèque, appelé à résoudre des affaires criminelles peu ordinaires, notamment dans *L'Assassin est au ciel*, réédité par Rivages dans une version intégrale sous le titre de *Pèlerin*, et *Une tête pour une autre*, affaire qui a pro-fondément affecté le personnage. Au petit écran, Richard Crenna a interprété le per-sonnage dans au moins six téléfilms dont une brillante adaptation de *Une tête pour une autre*.

Wallflower, qui vient de paraître chez Rivages, est le troisième roman de cette série (d'où les renvois nombreux et irritants à *Une tête pour une autre*) et le moins qu'on puisse dire, c'est que ce livre n'est pas très

William **Bayer**

Wallflower

RIVAGES/THRILLER

convaincant. Foin des euphémismes, il est carrément décevant, avec l'impression générale très gênante que l'ouvrage n'a pas été édité (au sens anglo-saxon du terme), que nous lisons une mauvaise ébauche d'un roman en devenir.

Janek est en vacances à Venise où il a le coup de foudre pour une belle touriste allemande. Déjà là, le bât blesse... Bayer, qui nous a habitués à des intrigues psychologiques tout en finesse, avec des ambiances sensuelles et des romances crédibles, sombre carrément cette fois dans l'harlequinade soporifique. Mais bon... Les vacances de Janek sont interrompues brutalement quand il apprend que sa filleule, la belle Jess, vient d'être assassinée dans un parc de New York. Parce qu'il a un lien familial et affectif avec la victime, Janek est d'abord écarté de l'enquête avant que l'on ne trouve un subterfuge acceptable pour lui donner le feu vert. Il découvre que la mort horrible de Jess renvoie à une série de meurtres inexpliqués. Et très vite aussi (un peu trop rapidement, avec des intuitions pour le moins fulgurantes et beaucoup de chance)

il en arrive à la conclusion que la thérapeute de Jess est mêlée à ces crimes. Mais il commet une erreur presque fatale et il est gravement blessé par le tueur. À mi-parcours, Bayer nous impose un changement de point de vue et dans la deuxième partie nous suivons la trajectoire du tueur jusqu'à une conclusion convenue et sans grande surprise.

Bayer n'est pas le premier à faire entrer le lecteur dans la tête d'un tueur en série. C'est même devenu le pire des lieux communs du polar contemporain. Il n'y a strictement rien de nouveau dans ce ramassis de clichés, sinon la structure bancale d'un récit qui finit par nous lasser avec sa psychologie de ligne ouverte, son idylle amoureuse sirupeuse et ses surprises qui n'en sont pas. Non, pour apprécier pleinement le talent incontestable de William Bayer, il vaut mieux lire ou relire *Pèlerin* ou *Le Rêve des chevaux brisés*. J'espère revoir Frank Janek, un personnage attachant qui est aussi un réparateur d'accordéons, un instrument qu'il aime beaucoup. Mais dans *Wallflower*, il n'est vraiment pas au sommet de sa forme ! **(NS)**

Wallflower
William Bayer
Paris, Rivages (Thriller), 2008, 306 pages.

❖

139

Autre pavé dans la bouillabaisse des légendes

Le dernier roman de Kate Mosse (ne pas confondre avec le mannequin au nom presque identique) est un gros pavé à l'intrigue fluctuante. En fait, *Sépulcre* est bâti sur deux intrigues montées en parallèle se déroulant à deux époques différentes.

D'abord il y a, en 1891, l'histoire de Léonie Vernier, une jeune Parisienne dont le frère, Antoine, semble s'être placé dans un drôle de merdier. Pour l'éloigner d'un sombre ennemi qui s'acharne sur lui, Léonie accompagne son frère chez une jeune tante, nouvellement veuve, qui possède le domaine de la Cade dans les Pyrénées, domaine mystérieux, entouré de légendes et situé près de Rennes-le-Château, la paroisse de l'abbé Saunière, personnage que Dan Brown avait déjà mentionné dans *Da Vinci Code*. Le lieu baigne dans le mystère et dans la légende et la jeune Léonie découvre un ancien sépulcre wisigoth aux arcanes et aux pouvoirs cachés. Pendant ce temps, le vilain Victor Constant tente par tous les moyens de retrouver la trace d'Antoine et de piéger Léonie...

Parallèlement à cette première intrigue, l'auteure en monte une seconde se déroulant en 2007. Celle de Meredith Martin, une musicologue américaine venue en France poursuivre des recherches en vue de la publication d'une biographie de Claude Debussy. Mais, armée d'une photo ancienne et de quelques souvenirs de famille, elle tente aussi de retracer ses origines. Cette quête la mène dans les Pyrénées, à l'hôtel de la Cade. L'ancien domaine devenu hôtel est dirigé par un Britannique assez antipathique, Julian Lawrence, passionné par les recherches archéologiques et le jeu du tarot. Y séjourne aussi le neveu de Julian, Hal, qui tente de découvrir les circonstances qui entourent le décès de son père.

Entre ces deux intrigues assez tarabiscotées, Kate Mosse, dont le précédent roman, *Labyrinthe*, a été traduit en plus de 35 langues, nous entraîne dans un univers peuplé de légendes, de forces occultes et d'ésotérisme qui ont bien peu à voir avec le vrai polar. Mais, depuis Dan Brown, ce potage semble faire recette.

Le style dans l'ensemble est alerte et certaines scènes paraissent tout droit sorties des meilleurs romans d'Alexandre Dumas. Mystères, poursuites et duels dans des clairières obscures tiennent assez bien le lecteur en haleine. Mais ces artifices datent un peu.

Le roman souffre aussi de plusieurs faiblesses. D'abord, les personnages sont assez sommaires. La jeune Léonie est d'une naïveté tellement navrante qu'un lecteur avisé devine sans peine, dans certaines scènes cruciales, ce qui va suivre. La jolie tante Isolde semble, quant à elle, sortie tout droit d'une toile symboliste: blonde, languide, évanescente... Les personnages masculins présentent eux aussi assez peu de consistance. Antoine a des allures de jeune premier tiré d'un catalogue de mode et le méchant Victor Constant nous est présenté sans nuances: vilain, sanguinaire, obsédé et... couvert de pustules. Bref, un beau personnage pour une soirée d'Halloween. Les personnages contemporains, Hal et Julian, ne sont guère plus subtils.

140

Et puis, il y a la présence constante de l'ésotérisme en toile de fond, présence qui agacera sûrement les purs et durs du vrai polar. L'usage de ces artifices peut parfois renforcer une intrigue policière mais, ici, cet univers magique est omniprésent. Et il manque de profondeur. L'auteure fait allusion à des légendes, mais sans bien en expliquer l'origine ni la teneur. Il en résulte une bouillabaisse où se mélangent sépultures wisigothiques, tarot, Templiers, Cathares, démons et légendes campagnardes. Et puis, il y a cette double fin à la Harry Potter qui en fera rager plusieurs.

Bref, un thriller fantastique très long et très moyen. Mais surtout pas un polar. **(AJ)**

Sépulcre
Kate Mosse
Paris, JC Lattès, 2008, 634 pages.

❖

En diagonale

Sous une couverture qui conviendrait parfaitement à un livre de Lise Bourbeau qui se serait lancée dans les romans d'action, nous découvrons dans *El Lobo* un thriller lourd et interminable truffé de clichés tels que « mais c'était son jour de chance » ou « il lui montrerait de quoi il était capable », en plus d'une quantité infinie de points d'exclamation et de suspension. Pour rajouter de la tension, j'imagine.

Nous sommes en Argentine, en plein cœur de la crise économique. Le personnage principal est un Américain féru d'aviation qui s'est installé en Amérique du Sud par goût d'exotisme. Après avoir servi contre la mafia colombienne au sein de la DEA, il s'est ouvert à Buenos Aires un restaurant de fruits de mer et s'approvisionne lui-même de l'autre côté de la Cordillère grâce à son bimoteur. L'Américain est de parfaite stature, a de longs cheveux blonds et un regard bleu clair pénétrant. Son nom : Roy Kruger. Et il n'a peur de rien.

À la suite d'événements rocambolesques que je vous épargnerai, Kruger se retrouve mêlé à une affaire de vol. Mais pas qu'un petit vol, oh non ! rien de moins que le vol d'un trésor nazi enfoui dans le tombeau d'Eva Peron, la belle Evita si chère aux Argentins. Un trésor qui prouverait la collaboration des Peron avec le IIIᵉ Reich.

Rajoutez à tout ça du chantage politique, des policiers corrompus, une dose surprenante d'heureuses coïncidences et le kidnapping de la jolie petite amie de Kruger et vous avez là une histoire soporifique qui donne le même effet que de marcher à contre-courant dans un escalier roulant.

L'auteur a été journaliste et se passionne pour l'aviation, tout comme ce cher Kruger. Pour preuve, il nous offre une pléiade d'informations techniques, souvent accompagnées de notes de bas de page qui ne font

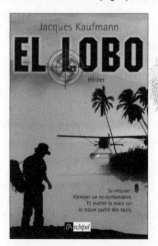

141

qu'ajouter à l'incompréhension. Quiconque possède un minimum de rigueur littéraire ne pourra qu'être hésitant à tourner la page, de peur de découvrir l'autre côté. Pour paraphraser Norbert Spehner, *El Lobo* est un roman à lire sur le *Peron* (je dirais « à jeter en bas du *Peron* »), au pire, un roman à *Evita*!

Et de grâce, monsieur Kaufmann, pensez-y à deux fois avant de miser sur un personnage américain et intrépide. Je suis convaincu qu'il existe des avenues plus payantes. Et crédibles. **(MOG)**

El Lobo
Jacques Kaufmann
Paris, L'Archipel, 2008, 323 pages.

❖

Nevada mon amour

Après avoir survécu à la guerre, Mauricio Valentini décide de mettre son passé trouble derrière lui pour se forger une nouvelle identité. Il devient Maurice Valentine (convenons que le changement aurait pu être plus draconien) et ne vivra désormais qu'en fonction de sa propre réussite. Il se marie avec une femme riche au père influent et devient rapidement l'un des architectes les plus en vue de la côte ouest. Nous sommes en 1956 et Las Vegas, même si elle n'en est encore qu'à ses premiers balbutiements, représente déjà la possibilité d'un monde nouveau, tout autant que l'est le désert du Nevada, où l'on se lance dans de nombreux essais atomiques que le gratin de la ville regarde comme un spectacle, un martini à la main, dans la salle de réception du dernier étage du El Sheik, hôtel de luxe construit selon les plans de Valentine.

L'ascension de Valentine est si fulgurante qu'il est pressenti — lui annonce son beau-père — pour l'investiture du poste de sénateur du Nevada, alors que la santé de Boss Booth, le sénateur actuel, est sur le point de flancher. En soi, Valentine n'aura qu'à sourire et serrer des mains, son beau-père et Paul Mantilini feront le reste. Avec Valentine en poste, Mantilini, l'homme qui possède la plus grande partie de Las Vegas, pourra enfin réaliser, de mèche avec les *Teamsters*, son désir d'expansion de la ville.

C'est alors qu'arrive dans la vie de Valentine la séduisante Mallory Walker, une jeune architecte prête à tout pour faire partie de son équipe pour ses prochains projets. Déjà qu'être une femme architecte à cette époque en surprend plus d'un, l'attitude fonceuse et séduisante de Walker fait fondre tous les hommes autour.

Il ne s'agit que de la prémice de l'histoire, mais je dois cependant m'arrêter là afin de ne rien révéler de fâcheux. Car la suite n'est qu'enchaînements de faux-semblants et de révélations-choc. Le récit est construit

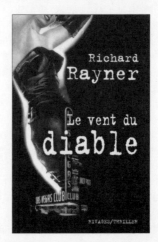

sur deux trames. La première, qui se situe en temps réel en 1956 et s'étale sur quelque deux semaines, est narrée par Valentine, qui rend compte de son histoire avec Mallory Walker. La seconde trame s'étend de 1938 à 1951 et nous raconte à la troisième personne la vie de Beth Dyer, une jeune femme de classe ouvrière déterminée à devenir une grande actrice. Le lecteur fera rapidement le lien entre les deux trames avec l'impression d'avoir vu clair dans le jeu de l'auteur. Mais il reste encore de nombreuses surprises à venir.

Peut-être un peu long, ce livre se lit tout de même assez bien grâce aux courts chapitres et à l'écriture fluide de Rayner, qui parvient à nous faire accrocher à ses personnages ambitieux et vaniteux avec qui nous ne ressentons aucune affinité (du moins, en ce qui me concerne). Mais le réel personnage dans tout ça, c'est probablement la jeune Las Vegas et son désert qui, à l'image de ceux qui y affluent, laissent miroiter autant de promesses que d'infini, autant d'images préfabriquées que de vide profond. **(MOG)**

Le Vent du diable
Richard Rayner
Paris, Rivages (Thriller), 2008, 347 pages.

❖

Le poids des ans, le poids des morts…

Depuis vingt-cinq ans, la magnifique ville de Barcelone a son chantre : Francisco González Ledesma, auteur émérite qui a fait sa marque, entre autres, grâce à Méndez, un policier d'un âge certain aux méthodes bien personnelles. Il faut le voir parcourir à pied les ruelles et venelles de la vieille ville, dont il connaît non seulement chaque coin, mais aussi chaque putain et truand, apostrophant le chaland ici, donnant une baffe là, tel un père de famille un peu bougon mais aimant qui veille sur le destin de sa progéniture. Pour ma part, j'ai rencontré pour la première fois le vieux policier nostalgique au milieu des années quatre-vingt-dix en lisant *Chronique sentimentale en rouge*, qui m'avait enthousiasmé non pas tant en raison de l'intérêt de son intrigue policière, mais par l'amour inconditionnel, qui suintait de chaque page, des vieilles pierres de la capitale de la Catalogne et de ses habitants les plus humbles.

Au fil des ans, Ledesma n'a jamais trahi son amour pour Barcelone, et c'est certainement à cause de ce sentiment très puissant — qui aime bien châtie bien, c'est connu — qu'il a toujours été critique des agissements des élites de la ville et que sa grogne, relayée par l'ineffable Méndez, a souvent pris pour cible les « vieilles familles » de la capitale catalane. Dans *La Ville intemporelle ou le Vampire de Barcelone*, fidèle à sa manière mais sans Méndez, Ledesma, quatre-vingts ans bien sonnés, franchit un niveau de plus et propose ni plus ni moins qu'un roman hommage à *sa* ville, véritable témoignage historique qui, à travers la trame habituelle du roman policier mais tout en versant dans le fantastique, fait de Barcelone le personnage central de cette histoire d'amour et de haine.

Au départ, une mort étrange : celle d'un notable, Guillermo Clavé, héritier d'une vieille famille qui vivait dans une des plus belles demeures du Paseo de la Bonanova. Or, le corps de ce riche oisif a été trouvé totalement exsangue, ce qui ne laisse pas d'étonner les enquêteurs mais aussi Marcos Solana, un avocat qui compte parmi ses clients nombre des vieilles lignées de

Francisco
González Ledesma

*La ville
intemporelle*
ou *Le vampire de Barcelone*

L'ATALANTE

Barcelone. Le père Ovalide, confesseur des Clavé, se sent quant à lui très concerné par ce meurtre, car de par sa fonction ecclésiastique, il est en possession de certaines informations qui lui font craindre la résurgence d'un élément maléfique lié à la ville. Très vite, Solana va se douter à son tour que des éléments surnaturels teintent cette affaire, puis Marta Vives, sa jeune assistante qui s'intéresse de près à l'enquête, comprendra que le meurtre de Clavé n'est que l'aboutissement d'un affrontement séculaire entre deux vieilles lignées catalanes, les Masdéu et sa propre famille, les Vives.

En parallèle à cette enquête, une longue et passionnante confession du plus vieil habitant de la ville ouvre ainsi le roman : « Je viens d'années sans frontières, de villes ensevelies, de cimetières qui me parlent,

de chants dont nul n'a souvenir. Je viens d'un temps lointain. » Le ton est donné ! Cet homme, né au Moyen Âge d'une mère esclave, vampire malgré lui, a traversé les siècles et il est à même de témoigner *de visu* de l'ensemble des drames, misères, souffrances et tueries innombrables qui, au fil du temps, ont rougi chaque pierre de Barcelone et pétri de malheur le passé des anciennes familles de la ville. Symbole même de la nostalgie coupable mais aussi du vrai « Mal », ce prétendu suppôt du Malin n'en a pas moins lutté toute sa vie pour soulager les habitants de la ville, alors que les supposés partisans du « Bien », eux — on ne sera pas surpris d'y trouver en tête l'Église catholique et son impitoyable Inquisition —, s'arrogeaient le droit de terroriser et de faire souffrir le peuple au nom même de l'éradication de ce fameux « Mal ».

Le lecteur l'aura compris : à la toute fin, les deux trames se rejoignent. Et si la résolution de l'enquête criminelle n'est pas le point culminant de ce roman, les circonstances qui ont mené à la mort de Clavé et, surtout, le mobile principal, en surprendront plus d'un.

Un bel hommage à la ville intemporelle par excellence, un livre qui ressemble diablement au testament littéraire de Francisco González Ledesma. **(JP)**

La Ville intemporelle ou le Vampire de Barcelone
Francisco González Ledesma
Nantes, L'Atalante, 2008, 407 pages.

144

Ce vingt-neuvième numéro de la revue **Alibis**
a été achevé d'imprimer en janvier 2009
sur les presses de Imprimeries Transcontinental inc.,
division Métrolitho.

Imprimé au Canada — Printed in Canada